磐座《いわくら》への旅

日本人の心の故郷を訪ねて

本扉の写真について

伊勢神宮内宮・巌社（三重県伊勢市）

岩塊と岩塊の上手にある平坦地。岩塊が頭をのぞかせる平坦地では、二十年に一度の式年遷宮の開始を告げる「山口祭」がおこなわれる。神宮の始源を想わせる磐座だが、訪れる人は、ほとんどいない。（P.120参照）

はじめに

神の道、神道と書いてシントウと読む。澄んだ感覚があり、濁らない。教祖もいない。あえてあてはめると「アマテラス」なのかもしれないが、教義もない。これもあえていえば『古事記』のようにも考えられるが、天皇家の歴史書であって神道の教義とはいえない。仏教が伝わるまでは社殿もなかった。鳥居やしめ縄のような結界を示すだけで事足りた。神は姿をみせず、語ることもなかった。一神教のように「ああせい、こうせい」などとは言わなかった。沈黙がふさわしく、しかもよく似合った。「古神道」とでも表現すべきものだが、なにか研ぎ澄まされた透明感のようなものをそこに感じる。

全国各地に神奈備山《かんなびやま》といわれる神体山が存在するが、古来より山そのものが神であり、今もって神でありつづけている。神は自らの存在を語らず、「ナントカノミコト」や「ナントカヒメ」などという名前もなかった。ただ、あの山に在《おわ》す神でよかった。山は山の、岩は岩の本来の姿としてそこに在ればよかった。それがわが国固有の自然崇拝であり、古神道といえるものだった。

このところ「ウイズコロナ」という言葉をよく耳にする。新型コロナウイルスと共存・共生するという意のようだが、どだい無理な話だと思う。共存できるはずもない。できるとすれば、ある程度の犠牲を覚悟しなければならない。専門的なことはわからないが、今回のコロナ禍は人間が自然の摂理のなかに「手をつっこんだ」結果ということがいわれている。それまでひっそりと自然界のなかに生き、共存していたものが、自然破壊によって引っ張り出されたということが原因らしい。山は山の本来の姿としてそこに在ればいい……という自然の摂理を守らなかったのだ。神の世界では、ケガレ（穢れ）ということを忌み嫌う。ケガレはすべて人間が自然に触れ、人間の都合によって引き起こされてきた。自然界は本来、水清き、清浄そのものの世界だった。そうした自然界を前提として神の道・神道は受け継がれてきた。

夢の彼方のことのようにも思えるが、「想うこと」があって五十三歳の夏に会社を辞めた。時を同じくして、八ヶ岳の南麓、大泉村と呼ばれた標高一二五〇メートルの森の中に移り住んだ。以来、もう二十二年になる。その間、ひたすら木を伐り、クマザサを刈り、石を掘り起こしながら「雑木の庭」をつくってきた。とともに、永年の夢だったイワクラ（磐座）の足跡を訪ね歩いた。訪ねたところは、すべての都道府県。一度ならず、二度、三度と足を運んだところもあるが、二十二年もの間「磐座への旅」をしてきたのだ。いま思えば、この旅もまた、夢の彼方だ。

あの『奥の細道』の冒頭に、古くから名文として親しまれてきた一文がある。

月日は百代の過客にして、行きかふ年も又旅人なり

日一日と過ぎていく月日も、考えてみれば旅人のようなものだ……という松尾芭蕉の述懐が、この歳になってしみじみと心に響く。人はだれもが老いていく。永遠に留まることなく月日は過ぎていく。月日は百代の過客そのもの、旅人なのだと実感する。旅そのものが日常であり、ふと気が付くと「老い」という連れ合いが同行している。そうこうするうちに、やがて旅の終わりが近づいてくる。

四年前に、出窓社から『磐座百選』という小著を上梓したが、それまでにも『神々の気這い』（早稲田出版）、『古事記と岩石崇拝』（角川学芸選書）という磐座に関するものを綴ってきた。そうしたなかで書きのこしたもの、洩らしたものなどが喉に刺さった小骨のように気になっていた。そうした想いを「磐座探訪雑記帳」というブログに書き留めてきた。

昨年七十五歳になった。私の知人は、皮肉をこめて「光輝高齢者」と表現しているが……。誰が考えたのか、人生の先達を敬う「心」が感じられない「後期高齢者」と呼ばれる年齢となった。それでもブログを書き始めて四年、月二回というペースながら、百回という節目を迎えることができた。磐座に関するも

のもこれで四冊目となる。おそらくこれが最後となるだろう。が、まだ未練たらしく余韻に浸っていたいという想いものこる。

「磐座」という特異な分野のため、資料そのものが少なく、苦労もした。全国各地の磐座を訪ね歩いたため、調べるための資料も膨大なものとなった。森厳《しんげん》で、仰ぎ見るような「自然神」ということもあり、どこまで近づくことができたかと、忸怩《じくじ》たる思いもするが、磐座という自然崇拝に触れてほしいという想いは強い。旅を終えるにあたり、あらためて自然の懐は広く、限りなく深いと感じている。元をただせば、人もコロナウイルスも同じ自然の一部でしかなかった。われわれのなかに潜在する、自然への「畏敬」に目覚めるために……という願いをこめてこの小著を送りたい。

令和四年五月吉日

池田清隆

磐座への旅◆もくじ

序　磐座への誘い

達谷窟（岩手県）

1 磐座との出会い

金山出石寺　愛媛県大洲市豊茂乙一

私は愛媛県の西部、瀬戸内海に面した長浜という湊町《みなとまち》で生まれ育った。肱川《ひじかわ》という愛媛県で最大の大河がつくった三角州の上にできた小さな町で、廃藩置県までは大洲藩《おおずはん》に属していた。今は埋め立てられてその面影はないが、私が長浜を離れるまで、肱川の河口近くに江湖《えご》と呼ばれる入り江のような船溜まりがあり、藩の船囲場《ふなかこいば》や御船蔵《おふなぐら》跡が、ほぼ原形をとどめてのこっていた。藩主が参勤交代で使用する「駒手丸」と呼ばれる御座船が停泊していたというが、小学生のころ、釣りが好きでよく江湖にでかけ、「どんこ」と呼ばれる小さな魚を釣ったことが記憶にのこる。

磐座《いわくら》と出会ったのは、どんこ釣りをしていた小学生のころだった。夏休みの恒例行事だったと思うが、出石山《いずしやま》（八一二メートル）の山頂にある、養老二年（七一八）開基と伝わる長浜最古の寺・金山《きんざん》出石寺《しゅっせきじ》に登り、宿坊でお坊さんの講話を聞いたことが印象深い。

その出石寺の境内に「護摩《ごま》ヶ岩」と呼ばれる巨岩があった。空海が護摩を焚《た》いて修行したと伝わる磐座なのだが、小学生ながら、気になって仕方がなかった。もちろん当時は、磐座という言葉や意味など、知る由もないが、とにかくその大きな岩が印象にのこっていた。そののちも機会があれば出石寺に詣で、護摩ヶ岩と対面した。やがて、その巨岩が、磐座と呼ばれる祭祀遺跡であることを知り、大学生のころには、もうすっかり磐座にはまっていた。ということは、もう半世紀にもなるだろうか。本当に長いつきあいだったと思わずにはいられない。

護摩ヶ岩は、山門前の石段に至る広場のようなところに森厳とした姿を横たえている。高さは約三メートル、周り七尋《ひろ》くらいとあるので、一二メートルほどだろうか。永年の風雨のためか、無数の亀裂が走るさまは凄みさえ感じ、巨岩の姿を覆い隠すように、岩上のみならず、周囲にも樹木が生い茂っている。かたわらには熊野権現の社があり、護摩ヶ岩を神体としているような佇《たたず》まいが神々しい。寺伝によると、空海がこの地にきたとき「三国無双の金山なり」と讃えたといわれるが、権現社の脇には、修行僧の姿をした巨大な空海の像が立ち、山門と相対する。

空海が二十四歳のときに書いた処女作『三教指帰《さんごうしいき》』に、空海の分身と思われる仮名乞児《かめいこつじ》という修行僧が登場し、「あるときは金嶽《かねのたけ》に登って、雪に逢って困窮し、あるときは石峯《いしづちのたけ》に登って、食糧が得られず困難を極めた」と修行生活を語る場面がある。ここにいう石峯とは、四国の最高峰である石鎚山《いしづちさん》のことだが、もうひとつの金嶽が金山出石寺といわれている。私と磐座との出会いはこの護摩ヶ岩から始まった。

護摩ヶ岩と熊野権現社　落葉つる性植物のツルデマリに覆われた左の巨岩が護摩ヶ岩。かたわらには熊野権現社が建つ。

護摩ヶ岩　無数の亀裂が入っているが、なんとも気になる巨岩だった。「磐座」との出会いはここから始まった。

若き空海像　山門と相対するように、護摩ヶ岩を背にして立つ巨大な空海像。

2 イワクラ（磐座）とは何だろう

上賀茂神社（賀茂別雷神社）　京都市北区上賀茂本山三三九

磐座という言葉を知っている人は、ほとんどいない。私が磐座という言葉を使うと、ほぼ例外なく「イワクラって何ですか?」と聞かれる。『広辞苑』には、磐座・岩座とあり、「神の鎮座する所。神の御座」と書いてある。が、たぶん、なんのことだかわからないだろう。愛用している『福武国語辞典』や『角川国語辞典』には載っていない。日常生活に馴染みがないからだ。四年ほど前に上梓した『磐座百選』にも記したが、私が納得し、その基準としているものは、民俗学者の野本寛一《のもとかんいち》氏が『石の民俗』のなかで定義しているもので、このように表現されている。

神、神の憑依《ひょうい》、祭祀施設にかかわる石、岩、岩窟などを一括した広義概念を磐座という語で示す。さらに、この中で、即神的認識の強いものを石神《いしがみ》とし、依り代的認識の強いものを狭義的、本義的な磐座とする。さらに、施設的傾向の強いものを磐境《いわさか》とする。

この表現もやはり難しいと思われるかもしれないが……。つまり、大きく分けて、磐座・石神・磐境という分類はあるが、岩石や岩窟など、祭祀対象となる岩石全般に対する信仰を、イワクラと表現するというものだ。とはいえ、岩石とされるものは自然界に数限りなく存在する。大は岩山や巨大な海蝕洞から、小は、石の極小ともいえる砂利や砂にいたる。そうした岩石全体に対する信仰をイワクラと表現していいのだと思う。

京都市北区、山城国一宮とされる上賀《かみが》茂《も》神社（賀茂別雷神社《かもわけいかずちじんじゃ》）の細殿《ほそどの》前に、立砂《たてずな》と呼ばれる円錐形の盛砂《もりずな》が、左右一対をなして存在する。説明板には「神様が降りられる依代《よりしろ》」とあり、盛砂の頂点には松の葉が挿《さ》してある。円錐の形は、神社の背後約二キロにある神体山・神山《こうやま》（三〇一・五メートル）を模したものだという。松の葉は、神籬《ひもろぎ》と呼ばれる神木に

細殿前の立砂　賀茂の神さまが降臨する依代と言われている。

①岩屋　神が依りつき籠る岩窟のこと。石屋、窟ともいう。

あたるのだろう。いわば、「賀茂の神」が降臨する神山の姿を表現したものでもあるらしい。身近な例でいえば、地霊を招く地鎮祭の盛砂が、その系譜をひくといわれるが、二十一世紀のこの世において、地霊を鎮め、工事の安全を祈願するという祈りが捧げられる不思議を想う。

盛砂は当然のことながら、雨や風に弱い。形が乱れると、その都度、神職が境内を流れる「奈良の小川」の水で砂を固め直し、形をととのえるという。こうした、いわば石の極小ともいえる砂も岩石信仰のひとつ、イワクラ（磐座）といえるものではないだろうか。

一対の立砂　上賀茂神社の神体山・神山を模したものと言われている。形が乱れると、その都度、神職の手で形が整えられる。

頂点の松の葉　盛砂の頂点に挿された松の葉は、神木にあたるものであろう。

3 河原石でできた「洲」の磐座

下鴨神社　京都府京都市左京区下鴨泉川町五九

　前項で、砂の磐座ともいえる上賀茂《かみがも》神社の「立砂」を紹介したが、今回は、下鴨《しもがも》神社の「舩島《ふなしま》」に触れてみたい。いわば河原の小石でできた「洲の磐座」ともいえるものだが、「旧泉川の中州状地形に盛土と整地がおこなわれ、十二世紀代に現状に近い形となった」とあり、小石を積み上げたような小さな石の島が、南口鳥居を入った右奥に存在する。島といっても周囲を奈良の小川が巡る、東西一八メートル、南北二五メートル、高さ一・六メートルという人工の中州で、舩の形をしているところから舩島と呼ばれている。

　説明板には、賀茂斎王が大祭を前に、祭祀をおこなったところとあり、「古代祭祀遺跡　奈良殿神地《ならどののかみのにわ》」と書かれている。さらに、奈良殿神は、御供え物や器などを司る神であり、川の中の「舩」形の島を磐座としたとあり、神殿を設けない無社殿神地という旨が記されている。平べったい小石の島だが、この島を磐座とし、祭祀がおこなわれていたという事実に心を魅かれた。

　十二世紀代といえば、平安後期のころだが、神社の創始は奈良中期とされているので、おそらく、それ以前に遡る祭祀だったのではないだろうか。小石のなかには祭祀につかわれた多量の土器が含まれているというが、人為的とはいえ、中州のようなところに石の島がつくられ、磐座として祀られてきたという歴史は、下鴨社の始原を示しているようで興味深い。

　谷川健一編の『日本の神々』をみると、神社がある「糺《ただす》の森」は、本来は「タダスノヤシロ」と読む河合社の森であり、「河合森《ただす》」と呼ばれ、河合社は「只洲《ただす》社」とも書かれたという。つまり、河合の洲の意であり、水を司る「洲の神」を祀るところであったことを示唆しているように思える。たびたび雨乞い祭祀がおこなわれたことが記録にのこり、河合という文字が示すように、社地は賀茂川と高野川が合流する水分《みくまり》の地にあり、水辺の聖地であったことを物語る。只洲という文字に秘められた意とともに、斎王が大祭の前に祭祀をおこなったという史実が、舩島の始原を語っているようで、意味深い。ともに、こうした河原石を盛り上げた洲の島も、磐座信仰のひとつであることを知っておきたい。

　じつは、この舩島の存在は、京都在住の友人に教えてもらうまで知らなかった。私の活動を気に留め、応援してくれる「同志」でもあるのだが、彼から、最も「聖なる場所」と思われるところがあると聞き、案内してもらったことが出会いだった。近くには、下鴨神社の摂社・河《か》合《わい》神社があり、当神社の神職であった鴨長明が隠遁し、住まいした「方丈」が復元展示されている。

②神籬（ひもろぎ）　神が依りつき宿る樹木のこと。

舩島　河原石を積みあげた「洲」の磐座。このような形状をした「無社殿神地」は極めて珍しい。

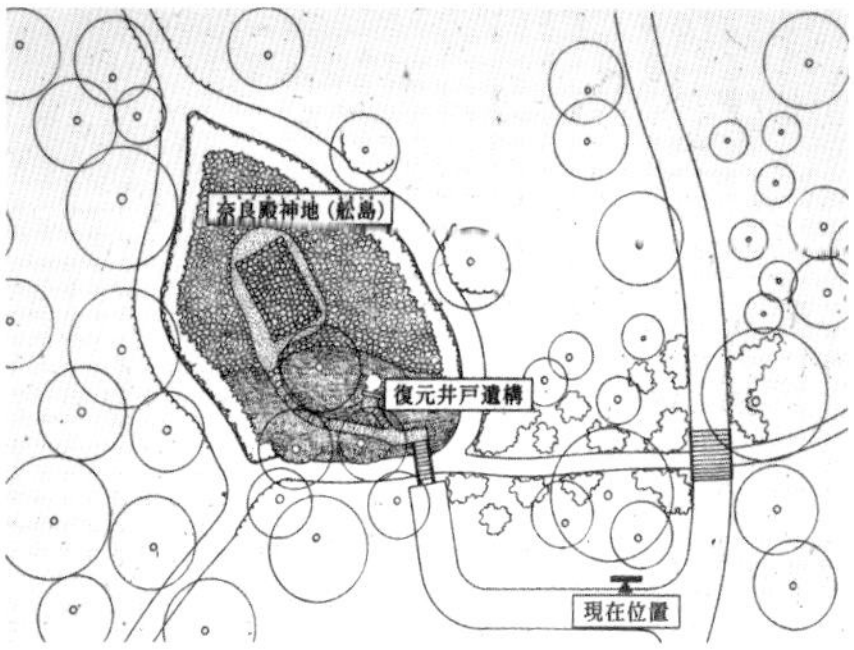

舩島の解説図　周囲を水が流れるようにつくられている。流れはここから「奈良の小川」と名を変える。

下鴨神社境内ある河合神社　タダスノヤシロ（只洲社）とも表記された河合社。鴨長明ゆかりの神社でもある。

4 初めての「取材」地

石楯尾神社　神奈川県相模原市緑区佐野川三四四八

小学生のころから、意味もわからないまま磐座と思われる岩石に興味をもち、大学生のころ、それが地域の人びとに信仰されてきた「磐座」であることを知ることになるのだが、「取材」らしきものを始めたのは、平成元年（一九八九）の二月十二日だった。

当時、四十二歳、会社員として、いわば働き盛りともいえる年齢だが、なぜこのときに取材を始めたのかよく覚えていない。ただ、これ以来、磐座に関することを調べ、時間ができれば磐座を訪ねるようになった。当初は、子どもを連れて出かけていたが、そのうち、ついてくるのを嫌がるようになった。よしんば、ついてきても、磐座近くの喫茶店や車の中で待っていることが多くなった。やがて、ついてきてくれるのは家内だけになった。そうした「苦笑」をともなう思い出とともに過去の取材が甦る。

初めての取材地といえるのは、神奈川県藤野町（現相模原市）の上岩《かみいわ》に所在する石楯尾《いわたてお》神社だった。相模国の式内社《しきないしゃ》である石楯尾神社の論社《ろんしゃ》のひとつだが、なぜ、最初の取材地がここだったのか、定かではない。ただ、自身のなかで「上岩」という地名と、石楯尾という神社名が、石という文字とともに磐座と強く結びついていたことはまちがいない。

取材メモをみると、神社近くで八十歳の古老に会い、畑の石垣に座りながら、七つの奇石（磐座）が神社を中心に点在していることを聞き、探したことが書いてある。そのときは四座しか探し出せなかったが、古老からは、遠い昔、身籠った女が、七つの石を伝いながら、ここ上岩にたどり着き、子どもを産んだという話を聞いた。神社の祭神に、石村石楯《いわむらいわたて》と、その妻・藤木姫《ふじきひめ》の名があるので、この姫のことかもしれない。

菱沼勇の『日本の自然神』によると、「本殿の床下に、神体の石神である縦二・五メートル、横二メートル、高さ一メートルほどの青黒い山形の岩石が顔を出し、ふとぶとと、土中に没している」と記されているが、確認できなかった。その社殿の背後、一段高くなった杉林のなかに、七奇石のひとつである一メートル四方ほどの「鏡石」が存在する。まるで山並みを想わせるような造形だが、傍らに「石盾社本宮」と刻まれた立石があり、神社の元宮であることを語っている。とすると、この鏡石が本来の神体石だったのかとも思うが、それ以上のことはわからない。

ただ、磐座信仰という観点から魅力ある神社だが、石楯尾という神社名からすると、いまひとつ説得力に欠けると思った。『磐座百選』にも記したが、有力な論社のひとつ、楯のような岩壁上に所在する名倉《なぐら》の石楯尾神社がそれに近いように思えた。もう三十三年も前のことだ。

③磐境（いわさか）　神を迎え祀るため、岩石を用いて区切られた祭場のような空間。

石盾社本宮　七奇石のひとつ「鏡石」。本宮とあるように、この磐座が神社の起源なのかもしれない。

名倉の大岩壁　もうひとつの論社、名倉の石楯尾神社。まさに楯のような大岩壁の上に鎮座する。

石盾社本宮と刻まれた立石　鳥居の「神額」のような立石。素朴だがじつにわかりやすい。

5 石仏山のこと

石仏山　石川県鳳珠郡能登町柿生字神道

能登の石仏山《いしぼとけやま》の「神事」を取材したのは、平成二十八年（二〇一六）の三月二日だった。前日、輪島市門前町のホテルに泊まり、翌日の早朝、石仏山がある柿生《かきお》に向かった。駐車場がある柿生地区集会所に着いたのは午前八時ごろ、前日来の雪が一〇センチほどのこっていたが、やがて、新聞社の記者やカメラマンが神事の開始時間にあわせて集まってきた。

　午前九時を過ぎたころ、祭りを告げるトントントトンという「触れ太鼓」とともに神道《じんどう》地区の氏子たち十人が、しめ縄や御供え物を持ち、一列になって山に向かって歩き始めた。農道脇の整備された階段を登り、それにつづく参道を進むと、「これより先　女人禁制《にょにんきんせい》」という立て札が見えてくる。男たちは、立て札近くの樹木に、結界を示すしめ縄を張り、前立《まえだち》とよばれる磐座がある祭場へと向かい、

神事へ向かう氏子　触れ太鼓を先頭に、神主と神道地区の氏子たちが石仏山へと向かう。

五穀豊穣を祈願する。

　この神事で興味深いことは、磐座祭祀とともに、いまだに「女人禁制」という結界が存在していることだ。結界山とか、潔戒《けっかい》山とも呼ばれ、日本にのこされた数少ない女人禁制の山としても知られる石仏山だが、そもそも女人禁制という風習は、いつごろから存在したのか。

　元始、女性は実に太陽であった……と表現したのは、女性解放運動の先駆者として知られる平塚らいてうだが、八世紀以前の日本は、女性を蔑視する観念はなく、神事においてもその地位は高かった。皇祖神とされるアマテラスはもちろん、古代史を彩る卑弥呼や神功皇后を筆頭に、推古天皇や持統天皇など、枚挙にいとま

女人禁制の立札　立札ひとつで、結界を示す。

④祠（ほこら）　神を祀る小規模なヤシロ（社）。「ほくら」ともいう。

がない。いわば、土偶などにみられるように、縄文時代から引き継がれてきた「産む性」である母系社会の象徴でもあったといっていい。

　そうした観念が大きく変化したのは、仏教が伝来してからだという。詳しいことは省くが、仏教には女性を蔑視する差別的な要素が基層にあり、その存在が修行者の心を乱すとされ、出産や月経など、女性特有の生理現象（血）が忌避され、穢《けが》れの対象とされた。いわば、律令制の家父長制が定着する過程で、生じた風習であり、所産でもあったという。

　明治五年（一八七二）、政令が発布されて以来、そのほとんどが廃止となったが、それまでは、日本を代表する霊山といえる富士山、日光男体《なんたい》山、羽黒山、立山、白山、大山《だいせん》、石鎚《いしづち》山、英《ひ》彦《こ》山などの名立たる山が女人の入山を禁止していた。今は、石仏山や大峰山、沖ノ島など、わずかにその名残をとどめているに過ぎない。原始神道の形を今にのこす石仏山だが、女人禁制という特異な風習がのこる神事であることも付け加えておきたい。

前立　左右にも小振りな石が配され、薬師三尊にみたてている。高さ3メートル、幅60センチだという。

神事　雪が降りしきるなか、神主の祝詞と深々と頭を下げる氏子の姿が印象にのこる。

6 鵜之瀬・白石神社での「できごと」

白石神社　福井県小浜市下根来白石

例年、立春が過ぎて、春の足音に耳を澄ませながら、「まだか、まだか」と待ちわびる神事がある。東大寺二月堂の修《しゅ》二会《にえ》だ。春を呼ぶ行事として、「お水取り」の通称で知られている。江戸中期の俳人・大島蓼太《りょうた》の句に、「水取りや　瀬々のぬるみも　此日より」というのがあるが、関西では、お水取りが終わると春が来るといわれている。

修二会は、本尊の十一面観音に、穢《けが》れ払いと除病延命を祈る、火と水に対する信仰儀礼といえるもので、三月一日から十四日までおこなわれる行のことをいう。観音さまへささげる香水《こうずい》を汲む「お水取り」は、十二日の夜半におこなわれるが、それに先立つ三月二日、若狭の鵜之瀬《うのせ》で、二月堂の若狭井に香水を送る「お水送り」がおこなわれる。今回は、鵜之瀬に隣接する白石神社での「できごと」を紹介したい。

この白石神社でなんとも不思議な体験をしたのだ。ふつう、磐座を訪ねたときには、なにかワクワクするような期待や高揚感をともなうことが多く、まれに「磐座が呼んでいる」と思える感覚になることもあるのだが、このときは、そうした感覚とは別の、まったく異質な体験だった。いわば「よく訪ねてくれた」という迎えのようなものではなく、「ここに来てはいけない」と拒否されているような異界体験ともいえるものだった。

「良辨《ろうべん》和尚生誕之地」と刻まれた石碑の先に、白石神社の石段があるが、境内へ足を踏み入れたときから、いつもとは違う「なにか」を感じていた。

社殿前には磐境《いわさか》を想わせる祭壇のような石組があり、その先に、なにか叫んでいるような狛犬が苔むしていた。が、覆屋《おおいや》の中にある社殿に近づくと、足が竦《すく》んで前に進まなくなった。背筋に冷たいものが走り、まるでスローモーションのような動作になっていることに気がついた。社殿の前になにかいるような気這《けはい》を感じ、急に畏れが湧いてきた。わけもわからず「怖い」と思った。ただ、その感覚はおどろおどろしいといったものではなく、シーンとした静寂とともに、澄みきった透明感だったように思う。

あわてて引き返し、石段を降りたが、そこで、なんとも写実的な良弁の写真が目に入ってきた。とすると、あれは良弁の気這いだったのか。それとも白石大明神の神気《しんき》だったのか……。

私は、「巫者《ふしゃ》」と呼ばれるような超自然的な力に感応しやすい人間ではない。ごくふつうの凡人だが、このときばかりは「なにか」に感応したのだ。それがなにかわからない。何十年も、磐座を訪ねてきたが、こうした体験は、後にも先にも、このときだけだった。

⑤玉垣　神域の周囲にめぐらされた垣。樹木で囲む柴垣が古い形態だったと考えられる。

良辨和尚
生誕之地
若狭之國
下根来区

白石神社　椿の群生林が茂る森閑とした境内。社殿は古びた覆屋のなかに保護されている。

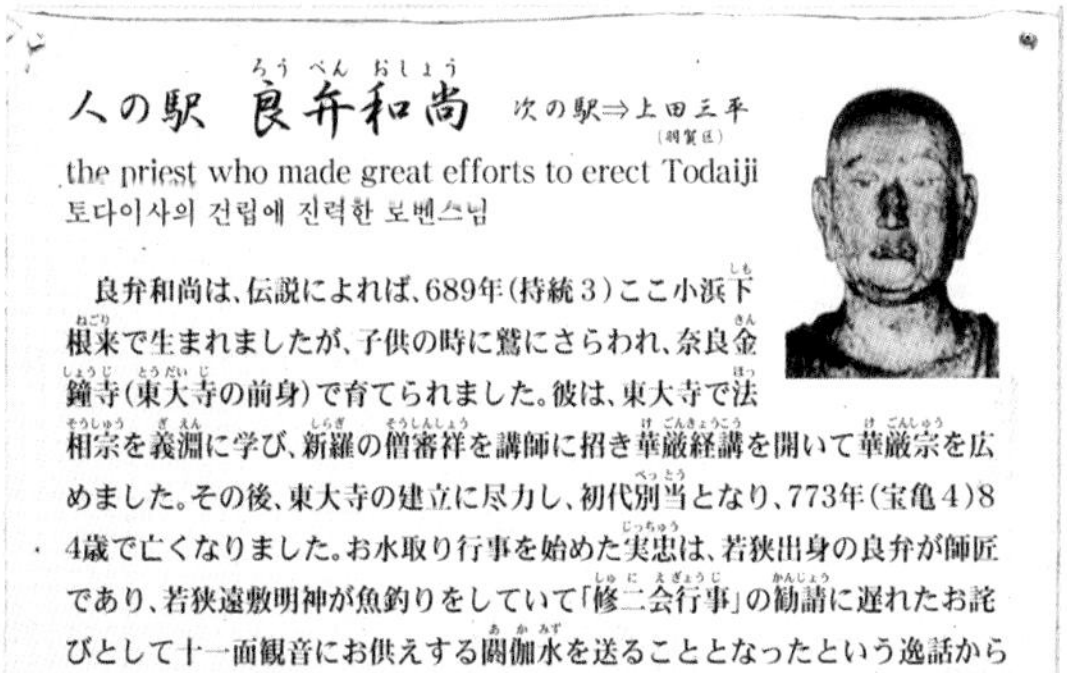
人の駅　良弁和尚《ろうべんおしょう》　次の駅⇒上田三平
the priest who made great efforts to erect Todaiji
토다이사의 건립에 진력한 로벤스님
良弁和尚は、伝説によれば、689年（持統３）ここ小浜下《しも》根来《ねごり》で生まれましたが、子供の時に鷲にさらわれ、奈良金《きん》鐘寺《しょうじ》（東大寺《とうだいじ》の前身）で育てられました。彼は、東大寺で法《ほっ》相宗《そうしゅう》を義淵《ぎえん》に学び、新羅《しらぎ》の僧審祥《そうしんしょう》を講師に招き華厳経講《けごんきょうこう》を開いて華厳宗《けごんしゅう》を広めました。その後、東大寺の建立に尽力し、初代別当《べっとう》となり、773年（宝亀４）84歳で亡くなりました。お水取り行事を始めた実忠《じっちゅう》は、若狭出身の良弁が師匠であり、若狭遠敷明神が魚釣りをしていて「修二会行事《しゅにえぎょうじ》」の勧請《かんじょう》に遅れたお詫びとして十一面観音にお供えする閼伽水《あかみず》を送ることとなったという逸話から二月堂の井戸を「若狭井《わかさい》」と名付けました。

良弁和尚　東大寺開山堂に安置されている良弁像の写真だが、しっかりと前を見据える顔つきが鋭い。

白石大明神

白石大明神　覆屋の入口から覗く神額。怖さを感じながらもシャッターを押した。

7 「お水取り」に行ってきた

東大寺二月堂　奈良県奈良市雑司町四〇六－一

前項でもふれた東大寺二月堂の修二会《しゅにえ》に行ってきた。修二会は、三月一日から三月十四日までおこなわれる火と水をともなう行（信仰儀礼）のことだが、そのハイライトといえる十二日、二月堂に向かった。この日は、本行中に毎夜点灯される「お松明《たいまつ》」のなかで最も大きな籠松《かごたい》明《まつ》が登場し、夜半には修二会の通称ともなった「お水取り」がおこなわれる日でもあり、毎年、おおぜいの参拝客であふれる。

二月堂に着いたのは午後四時五〇分。すでに竹矢来《たけやらい》が組まれた回廊の下は人で埋まり、入場規制が始まっていた。松明に火が灯《とも》されるのは、午後七時三〇分なので、まだ二時間半も時間がある。にもかかわらず、立錐《りっすい》の余地もないほど人が集まっている。もちろん、座る場所などない。警備に当たる奈良県警の警察官が、「松明に火が点火されるときは照明が消され、真っ暗になるので足もとに注意し、前の人を押さないでほしい」といったことを繰り返し放送している。時おり、東大寺側から、修二会とお水取りの由来などが放送されるが、日本語だけではなく英語でも同じ内容が流される。お水取りも国際的になったものだと思わずにはいられない。そういえば、私の周りにも数多くの外国人が立ち並んでいた。

午後七時三〇分、明かりが消され、会場が静まりかえる。やがて、鐘の音が響くなか、待ちに待った籠松明が童子（付き人）にかつがれて二月堂の石段を上ってくる。最初は二月堂前にそびえる杉の巨木（良弁《ろうべん》杉）に隠れてよく見えないが、すぐその全貌が現れ、火の玉のような火の粉が舞い落ちてくる。長さ約八メートル、重さ約七〇キロといわれる最大の松明だ。火の粉が舞い落ちるたびに、参拝者からどよめくような歓声が上がり、修二会の最高潮という高揚感とともに、千二百年間の信仰と歴史の重さが伝わってくる。修二会は、堂内でおこなわれる厳しく烈しい行法だが、松明から舞い落ちる火の粉が庶民との接点をつくりだし、春を呼ぶ心を伝えてくれる。庶民の感覚では、これが終わると春が来るのだ。

籠松明の登場　二月堂の石段を上がってきた松明が、良弁杉に遮られながらも回廊を照らし始める。

⑥結界　内と外、聖と俗の空間を分かつもの。心のけじめをつける「境」のようなもの。

舞い落ちる火の粉　長さ8メートル、重さ約70キロという籠松明が、巨大な火の玉となって火の粉を散らす。

釣りに夢中になって、修二会に遅参した若狭の遠敷《おにゅう》明神が、そのお詫びに「鵜之瀬《うのせ》」から水を送る約束をしたという伝説に由来するお水取り。若狭から奈良まで遥か九〇キロ、その地下をとうとうと水が流れ、東大寺の若狭井に至るという。が、なにが若狭と奈良を結びつけたのか……。若狭出身と伝わる良弁《ろうべん》の影がちらつくようにも思えるが、謎のままだ。仏事ながら、古代の水信仰に起因するという「神事」、遠大な神々の世界が地下の水脈で繋がり、今に息づいている。

童子と松明　燃え尽きる寸前、松明に照らしだされた童子の顔が神々しい。

8 岩石崇拝の始まりを考える

檜原神社　奈良県桜井市大字三輪一四二二

誰が言ったのか、神のまばたきは人間の百年に相当するという。かつて奈良県桜井市の檜原《ひばら》神社近く、「山辺《やまのべ》の道」から三輪山を拝し、山中の磐座を想い描いたときに観じたことがある。自然は神のまばたきの内に季節をめぐり、生と死を循環する。山からは雲が湧き、雲は、雲《うん》根《こん》とよばれる岩石から生じ、水をともなう。石は動かず、いつもそこにある。やがて、人は引き寄せられるように石の周りに集まる。子どもが生まれたとき、身内が亡くなったとき、たくさん獲物が獲れたとき、石に向かい頭《こうべ》をたれた。産《うぶ》土《すな》の神はこうして生まれた。

なぜ、人は大切なものを包むように石を神聖視し、祀ってきたのか。『磐座百選』では、人類が石器という道具を手にしたときに、その萌芽があるのでは……と書いたが、これはいわば利便性といった観点から考えたものだ。とすると、精神性といった視点からはどうなのか。難しい課題だと思う。いや誰にもわからない。それこそ「神のみぞ知る」ことかもしれない。でも、なぜか。

何ごとの　おはしますをば知らねども
かたじけなさの涙こぼるる……。

中世の歌人、西行が伊勢神宮で詠んだとされる歌だ。私はこの歌に日本人が神という存在に抱いてきた、えもいわれぬ深淵な心を想う。なぜかわからないけれど、じわりと胸が熱くなるような気這い、鳥肌がたつような感動が「あの辺り」から伝わってくる。でも妙に懐かしい。そうしたごく自然な感覚、直感的な想いが岩石崇拝のはじまりだったように思える。石に宿る神は、ただ自然のままにそこに在《おわ》す。見えないけれど、見守っていてくれる。「かたじけなさ」に手を合わせ、

檜原神社　元伊勢とも呼ばれるが、アマテラスが伊勢に遷座するまで留まった場所のひとつとされる。

三輪山、山の神遺跡の参道　原初の鳥居を想わせる。自然木に架けたしめ縄が結界を示す。

⑦鳥居　神域の入口を示す門のようなもの。俗界と聖域を分ける結界の役割をもつ。

山辺の道から三輪山を望む　景行天皇陵の近くの山辺の道。手前に額田王の万葉歌碑が見える。

拝すればよかった。その辺りの皮膚感覚のような感受性が、岩石崇拝の基層を静かに流れている。

　岩石の持つ永遠性、普遍性といったものも拝する「わけ」のひとつかもしれない。石は、変わらないものの象徴であり、祈りの根底には、変わらないものへのあこがれが託されている。季節は、春夏秋冬、毎年変わらないでめぐってくる。春には命が芽吹き、夏には命が茂り、秋には命が実る。そして冬には命が休み、籠るのだ。はるか縄文の昔から、その繰り返しのなかで人は生きてきた。自然そのものに身を委ねてきた。それが祈りであり信仰の始まりだった。自然の営みが、人のすべてを左右すると日々体感していたからだ。変わらない自然の営みこそ、崇拝の対象だった。自然の摂理にはむかえば死がまっている。身を寄せ、ゆだねるしかない。順応するしかなかった。そうした無条件ともいえる自然に対する畏敬が、「かたじけなさ」という祈りへとつながった。つい頭をたれ、柏手《かしわで》のひとつも拍《う》ってみたくなるのだ。

佐田の京石（大分県）

I 九州・沖縄

⑨ フボー御嶽（沖縄県）
⑩ 油井のイビガナシ（鹿児島県）
⑪ 陰陽石（宮崎県）
⑫ 宇佐神宮・奥宮（大分県）
⑬ 阿蘇神社（熊本県）
⑭ 天神多久頭魂神社（長崎県）
⑮ 佐用姫岩（佐賀県）
⑯ 岩戸山古墳（福岡県）
⑰ 細石神社（福岡県）

9 男子禁制という習俗

フボー御嶽　沖縄県南城市知念久高

以前、女人禁制について触れたが、沖縄にのこる「男子禁制」という習俗についても語っておきたい。ところは久高《くだか》島のフボー御嶽《うたき》。御嶽とは、神が降臨する聖域のことをいうが社殿はなく、本土における鎮守のごとく、樹木の茂る聖地であり、そのほとんどが美しい山や樹林のなかにある。フボー御嶽は二度訪ねたことがある。最初は平成十五年（二〇〇三）、斎場《さいは》御嶽を訪ねたあと、久高島に向かった。二度目は平成十七年、このときも同じコースをたどり、久高島のカベール岬を訪ねたときに立ち寄っている。神の島・久高島を代表する御嶽だ。

柳田国男の『海南小記』に、「沖縄の島々には、女性ばかりが御祭に仕え、巫《ふ》女《じょ》を通じての神託によって、神の御本意と時々の御心持とを理解し、これに基づいて信心をした」と記されているが、沖縄では、神と交わるのは女だけの資格であり、ふつうのことだった。ここでは女人禁制にいう「血の穢れ」の観念がないどころか、女の方が霊的に優位とされてきた。久高島はその習俗が、最近まで色濃くのこっていたところでもある。

『磐座百選』でも触れたが、久高島には、十二年に一度行われる「イザイホー」とよばれる神女誕生の祭儀があった。島の人口が激減したため、昭和五十三年（一九七八）を最後に途絶えてしまったが、この祭儀の舞台ともなるフボー御嶽は男子禁制だった。島の女だけが御嶽に集い、神と交わり、神の声を聞いたのだ。そこに男が入る余地はなかった。

初めてフボー御嶽を訪ねたとき、入口には、由来とともに、「男子禁制」とかかれた説明板が立っていた。が、二度目のときは「ご協力ください」という呼びかけとともに、「神々への感謝の心と人々の安寧を願う場所でもあるため、何《なん》人《びと》たりとも出入りを禁じます」という表現に変わっていた。そこに記された「久高神人《かみんちゅ》・島民一同」という文字がなぜか心地よく、心に届いた。男女を問わず、神女以外の立ち入りを禁止したのだ。

聞くところでは、斎場御嶽でも男子禁制の「復活」を検討しているという。観光客の増大とマナーの悪さから、聖地が荒れてきているからだ。現在は「斎場御嶽の休息日」として、試験的に年に二回、

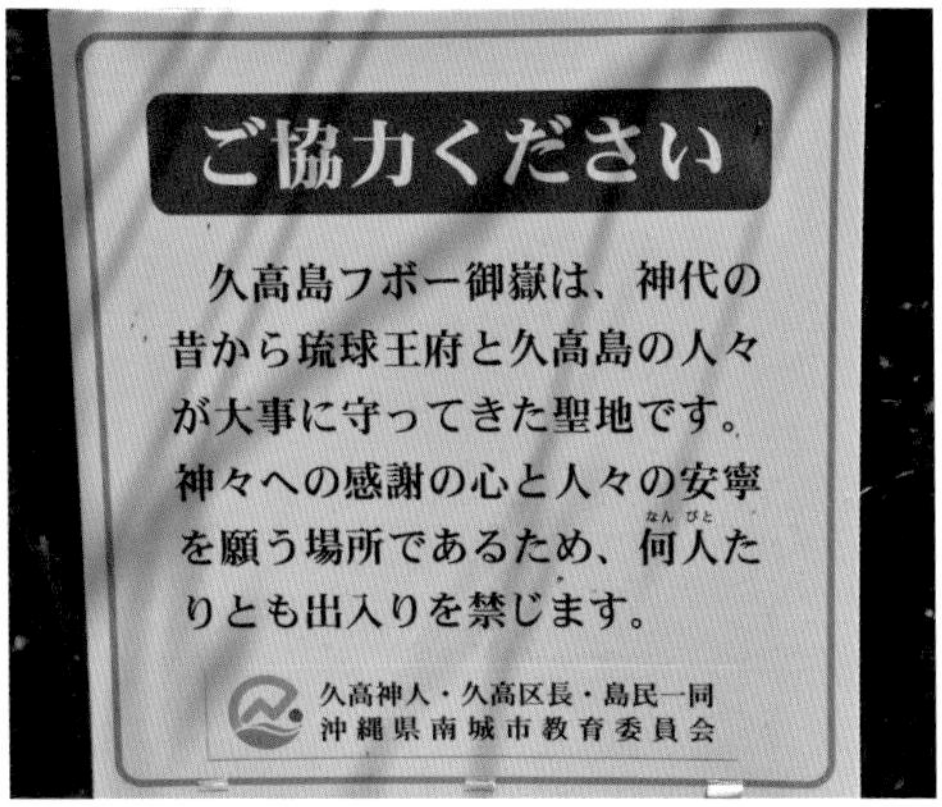
ご協力ください
久高島フボー御嶽は、神代の昔から琉球王府と久高島の人々が大事に守ってきた聖地です。神々への感謝の心と人々の安寧を願う場所であるため、何人《なんぴと》たりとも出入りを禁じます。
久高神人・久高区長・島民一同
沖縄県南城市教育委員会

御嶽入口の説明板　御嶽は観光地ではなく「聖地」であるという島民の明確な意思表示。

⑧注連縄（しめなわ）　神前、神域、祭場など、清浄な場所を示すために引き渡す縄。

フボー御嶽の入口　樹木が生い茂るだけの聖地。鳥居などの結界もなく、イビと呼ばれる自然石が置かれているだけだという。

入域制限をおこなっているが、男子禁制はおこなわれていない。もし実現できれば、聖地の観光化に警鐘《けいしょう》を鳴らす英断となることはまちがいない。いろいろな意見があることは承知しているが、こうした南城市の試みを歓迎したい。市のホームページにあるように、斎場御嶽は観光地ではなく「聖地」である……という主張にエールを送りたい。

カベール岬　久高島最北端の聖地、海の彼方から琉球の祖神・アマミキヨが依りついたと伝わる岩礁。

10 奄美の石神さま・イビガナシ

油井のイビガナシ　鹿児島県大島郡瀬戸内町油井

フボー御嶽《うたき》の項で、男子禁制について触れたが、神女のみが入れる御嶽の奥に、もっとも神聖な場所とされるところがあり、そこに「イビ」と呼ばれる自然石が置かれていることが知られている。岡本太郎は『忘れられた日本』で、イビのことを「隅の方に三つ四つ、石ころが半分枯葉に埋もれてころがっている」と書いている。イベとも呼ばれるが、御嶽や川などで祀られる神とされ、「威部」が語源ともいわれる。調べてみると、御嶽にある老樹や神聖な石を指すとあり、「神が宿る場」と解釈されている。そうしたイビにちなむものとして、「平瀬マンカイ」を取材したときに、奄美在住の友人に「イビガナシ」と呼ばれる石神の存在を教えてもらい、案内してもらった。このイビガナシもイビに繋がるものだという。ガナシは敬称とされるので、「石神さま」という意だろうか。ここでは瀬戸内町油井《ゆい》のイビガナシを紹介したい。

平瀬マンカイの舞台・カミヒラセ　龍郷町秋名集落。この巨岩の上で、「平瀬マンカイ」という神事がおこなわれる。

油井は奄美大島の南端近くに位置し、瀬戸内町の中心部・古仁屋《こにや》から車で西に十五分ほど走ったところ、大島海峡を挟んで加計呂麻《かけろま》島に相対している。オボツヤマ（カミ山）と呼ばれる油井岳（四八四メートル）を背負い、海岸近くには油井小中学校を中心にして、集落が広がっている。その一角にミャー（宮）と呼ばれる広場があり、大きなガジュマルとデイゴの下に自然石が四柱立っている。まるで磐境《いわさか》と神籬《ひもろぎ》をあわせたような観があり、集落の守り神として大切に祀られていることがよくわかる。四柱のイビガナシは奄美でも珍しいというが、背後のオボツヤマから「カミ道」を通って持ち降ろしたものだという。いわば、里宮ともいえるものだが、永年の風雨に耐えてきた老木とともに、背負ってきた歴史が伝わってくる。

イビガナシの前には、土俵があり、旧暦八月十五日、県の無形民俗文化財に指定された「油井の豊年祭り」が、この土俵を中心におこなわれる。由来は明らかではないが、笑みをたたえた表情のカミメン（紙面）をつけ、土俵を田んぼや臼に、人間を摺り臼や杵に見たて、稲作の作業過程をユーモラスに表現したものだといわれている。このときに、神酒や力

⑨神奈備山（かんなびやま）　神の鎮まる山。神体山ともいう。

油井のイビガナシ　老木の下に祀られたイビガナシ。立石のような自然石が四柱並んでいる。

飯などをイビガナシに供え、ともに豊年を祝うという。

油井からの帰り、奄美市住用町見里に立ち寄り、イビガナシと同じ意をもつと思われるカミイシ（神石）を訪ねた。民家の庭のようなところだが、人形《ひとがた》に似た自然石がさりげなく祀られている。もともと、疱瘡《ほうそう》の侵入を防ぐ「塞神《さえのかみ》」だったようだが、今は、地域の無事安泰を願うマムリガミ（守り神）として大切に祀られている。

見里のカミイシ　人の形に似た自然石。素朴だが存在感のあるマムリガミだ。

11 宮崎県小林市の巨大な陰陽石

陰陽石　宮崎県小林市東方三三五五

天に向かって直立している巨大な陽石（男根）が見えてきたときは、驚くとともにドキッとした。なにしろ男の見事な一物《いちもつ》が、辺りを睥睨《へいげい》するかのように鎌首をもたげているのだ。男根の高さは一七・五メートル、胴回りは一二・七メートルだという。それだけではない。男根の左下には、これまたリアルな陰石（女陰）が横たわっている。その周囲五・五メートル、日本最大の陰陽石として知られる。ふつう、陰陽石と呼ばれるものは、別々の陰石と陽石が対になって祀られているものだが、この巨大な陰陽石は、ひとつの岩塊でできている。すぐ脇を浜の瀬川が流れているので、川の浸食作用によってできたのだろうか。いわば、自然がつくりだした造形だが、なんとも奇抜な「自然神」だと思わずにはいられない。

石仏研究者の大護《だいご》八郎が『石神信仰』のなかで、「性器信仰」について「日月風雨といった自然神と同様、性器の霊力も極めて視覚的・現実的な存在であり、いわば身近な自然神の一つといえるものであった」と記しているが、この陰陽石を見て、なるほどと思う。

でもなぜ、陰が女で、陽が男なのだろうか。アマテラス（天照大御神）は女神だけど、太陽神でもある。そして、なぜ、陰が先なのか。調べてみると、中国古代哲学の宇宙観と人生観に行きつく。中国では周代から陰と陽の二元をもって自然および社会の事象を説明してきたという。おもしろいと思ったのは、暦にまつわる話だ。太陽の出没と昼夜の別に基づく「太陽暦」は知られているが、私たちの祖先が暦を意識したとき、最初に注目したのは、月の満ち欠けによる周期だという。いわゆる「太陰暦」だ。さらにいえば、月の満ち欠けによる一周（一か月）は約二十九日半で、女性の生理の周期に近い。陰と女性は、なぜか月の満ち欠けと繋がっているのだ。易に言う「一陽来復」という言葉は、陰気が極まって陽気が生ずるという意だという。まず陰があり、陰が極まった先に陽が生まれる。そういえば、女の象徴は「女陰」と書く。

詩人の野口雨情は、「浜の瀬川には二つの奇石　人にゃ言うなよ　語るなよ」と詠んだ。明治維新政府は、神仏分離令のもと、生殖器を模《かたど》った陰陽神を弾圧した。それでも庶民の素朴な信仰は生きのこり、よみがえった。人は男根と女陰

生命発祥の聖地　宮崎県の自然遺産に指定。冗談とは言い切れない説得力がある。

⑩水分（みくまり）　水源地や分水点のこと。流水の分配を司る神を水分の神という。

の交わりによって生まれる。この生命誕生の厳然たる事実は否定できない。はるか昔からつづいてきた子孫繁栄、五穀豊穣、疫病退散などといった「生殖器崇拝」も、この素朴な信仰から発生した。理屈や思想ではない、いわば、時の権力などの遠く及ばない自然の摂理が、この陰陽石に投影されている。

巨大陽石　度肝を抜かれるとはこのことか。気恥ずかしくなるようっな造形。これほど巨大でリアルな陽石は類をみない。

陰陽石全景　少し回り込むと、こちらもドキリ。陰石が見えてくる。「人にゃ言うなよ語るなよ」と記される由縁だ。

12 宇佐神宮・奥宮

宇佐神宮・奥宮　大分県杵築市山香町大字向野

　今までに「女人禁制」や「男子禁制」という、いわばタブー視された習俗に触れたことがあるが、今回は「禁足地」という畏怖された聖域について語ってみたい。それぞれ「禁」という文字を含んでいるが、そもそも禁とはどのような意味をもつのか。『漢語林』をみると、「示＋林。示は神の意味。林におおわれた聖域の意味を表す」とあり、「覆い閉じこめる意味から、忌み避ける意味をも表す」と書いてある。なるほど、硬い表現だが、なにか畏れ多い気這いが漂っているような感覚になってくる。禁という文字そのものが、神の存在を示唆しているからだろう。文字通り、足を踏み入れてはいけない「秘所」のようなところと理解すればいいのだろうか。

　禁足地を代表するひとつとして、宇佐神宮の奥宮がある。『磐座百選』の選考過程で断念した磐座のひとつだ。神宮の始原は、二之御殿に祀られている比売大《ひめおお》神《かみ》が降臨したとされる「御許山《おもとさん》」にあり、山頂（六四七メートル）に大神が降臨したと伝わる磐座が存在する。「原始の八幡大神」ともいわれるが、ここに東面する三個の石体があるというのだ。伝えられる磐座は、「中央の石体は最も大きく、高さ広さ各一丈五尺、烏帽子《えぼし》形をしている。向かって右の石体は大きさこれにつぎ、形は同じである。左の石体は最も小さく、高さは四尺程度、人の手を加えた形跡が見られる」と表現されている。可能ならば対面してみたいと思うが、鬱蒼と茂る樹林のなかにあり、立ち入りはおろか、その姿を拝することはできない。

　ただ、例外があるようで、ひとつは、宇佐大宮司が家督相続のとき、奥宮に詣で、祖神を拝するという。また、二十一年に一度おこなわれた「峰入り」のときに拝したというが、昭和三十四年（一九五九）に復活したものの、久しく途絶えていたため、現在、どうなっているのかわからない。

　奥宮には拝殿と石の鳥居があるのみで、本殿はない。拝殿から鳥居の奥に鎮座する石体を拝するかたちをとっている。鳥居の奥が宇佐神宮の「神体」そのものなのだ。よく見ると、鳥居には厳重に有刺鉄線が張り巡らされており、立ち入ることができない。神域に似合わず、ものものしい感じもするが、本来、禁足地とはこうあるべきだと思う。

　くらべて、スマホを持ち歩く時代、神域だからと写真撮影を禁じながら、「入山料」を取っている神社もあるが、なんとも不自然で、違和感を覚える。それにしても、奥宮と彫られた神額と鳥居のもつ存在感の大きさはどうだろう。禁足地を示す結界ながら、もうそれだけで、石体を拝したような想いになってくる。ここでは、鳥居そのものがもはや「磐座」と化している。

⑪延喜式　平安中期の法典（全50巻）1巻から10巻までが神祇関係で、9・10巻は神名帳。

奥宮の石鳥居　鳥居の造形はだれが考えたのか。文字通り「結界」としての造形がここにある。

拝殿から鳥居を拝する　ここに立ち、拝殿越しに鳥居を拝したときの厳かさは忘れられない。

奥宮拝殿　簡素ながら、神域への入口を示している。背後の樹林には神が宿っている。

13 倒壊した阿蘇神社

阿蘇神社　熊本県阿蘇市一の宮町宮地

未だ手がつかず……。阿蘇神社の象徴である重文の楼門と拝殿や翼廊が、ペチャンコになっていた。それはまるで、阿蘇氏の祖神・タケイワタツ（健磐龍命）が尻餅をついて、へたへたと座りこんでいるように見えた。大自然の容赦のない営みと、なすすべのない惨状に息をのんだ。神社の神体石とされる「願かけ石」は無事だったが、石の前に据えられた石灯籠もまだ壊れたままだった。幸いにも重文に指定されている三つの神殿は一部破損があるものの、全壊は免れたという。訪ねたのは平成二十八年（二〇一六）九月二十七日、「熊本地震」で倒壊して約五か月後のことだ。

　阿蘇氏は、古代、阿蘇地方を支配した国造《くにのみやつこ》を継承する名家で、中世には大宮司と称し、併せて武士の棟梁《とうりょう》としての顔をもっていた。南北朝のころ、菊池氏と並ぶ勢力を持つにいたるが、豊臣秀吉によって断絶され、のち加藤清正が再興、江戸期からは阿蘇神社の神官として現在に至っている。ちなみに現在までつづく「国造家」は、出雲・紀伊・阿蘇の三家のみといわれている。神社が倒壊したのは四月十六日未明。熊本地震の本震によるもので、甚大な被害を阿蘇地方にもたらした。写真のひとつは、拝殿と翼廊だが、まるで「ドミノ倒し」を想わせるようなありさまが写っている。もうひとつは、倒壊した楼門の屋根を境内から撮ったもので、まさに茫然自失といった感が漂う。新聞やテレビなどで被害の概要は知っていたが、この光景を見たときは、言葉を失った。タケイワタツが押しつぶされているように想えたからだ。

　日本の神は、よく八百万《やおよろず》の神々と表現される。が、なぜか地震を表す神は存在しない。たとえば、火の神はカグツチ（迦具土）、山の神はオオヤマヅミ（大山津見）、海の神はオオワタツミ（大綿津美）という神名で表現される。しかし、地震の神は単に「地震神《ないのかみ》」という神格で表現されている。唯一、それを想わせる神にスサノオ（素戔嗚）がいるのだが、地震神の神名ではない。どうしてだろうか。以下、想像を膨らます。

　足もとの大地が揺れる。神はあるときキバをむき、祟るときがある。祟りの威力が霊験を示す尺度ともなる。大地が揺れると、山が崩れ、津波が押し寄せ、火山が噴火する。同時に数々の災害が起き、一瞬にしてすべてが無に帰す。もうこれは、神という観念では語れない。神の域を超えた「なにか」が絡み合って大地を揺さぶっている。いくつもの神が複合しているのだ。そもそも大地を創ったのはイザナギ（伊邪那岐）とイザナミ（伊邪那美）ではないか。とすれば、大地を揺するのはこの二神しかいない。神名などつけようがない。だから、地震神としか書けなかった……。

⑫式内社　延喜式の「神名帳」に記されている官社。今日でも重要視されている。

倒壊した拝殿と翼廊　重厚な神殿が、まるで折り重なるように。ペチャンコという表現がぴったりの惨状。

楼門　阿蘇神社のシンボルのような存在だったが、屋根の大きさと重さのためか、支えきれなかったようだ。

願掛け石と石灯籠　石灯籠は壊れたままだった。願掛け石は、復興の願いを聞いてくれるはずだ。

14 もうひとつの「天道」聖地

天神多久頭魂神社　長崎県対馬市上県町佐護洲崎西里二八六四

『磐座百選』で、対馬にのこる天道《てんどう》信仰の聖地「豆酘《つつ》・八町郭《はっちょうかく》」について触れたが、もうひとつの聖地とされる「天神《あまの》多久頭魂《たくずたま》神社」を紹介したい。難しい字が充てられているが、タクズタマ（多久頭魂）という神名は、対馬に二座、大和に一座あるだけの珍しいもので、意味は不明ながら、日の神・天神のことだとされている。俗にいうオテントウサマのことだ。式内社で、対馬の北端・佐護《さご》に鎮座する。

余談だが、対馬へは飛行機で渡った。飛行機は苦手なのだが、フェリーだと約五時間、高速船だと約二時間、比べて、飛行機だとわずか三十分という誘惑には勝てなかった。実質空を飛んでいるのは二十分くらいだろうか。福岡を離陸したと思ったら、もう着陸態勢に入っているというのが実感だ。機内でキャンディーが配られたが、口の中にのこっているうちに着いてしまった。

神社は、佐護港の近く、天道山を拝する海辺にある。近くの千俵蒔山《せんびょうまきやま》からは韓国の釜山《プサン》の夜景が見えるというが、この山は、古代、九州防衛の最前線基地として防人《さきもり》が配置されたところだ。社殿はなく、鳥居の奥には禁足地である「カナグラ」と呼ばれる祭壇があり、鏡が置かれている。祭壇の手前には、高さ三メートルほどの石塔が二基あり、神域を区切る結界となっている。

神社の周囲はこんもりとした森が広がり、林相の深さに聖地の雰囲気が漂う。神道研究の基本図書『神道事典』には「天道信仰の聖地である天道地は、シゲと呼ばれる茂った森のなかに、カナグラと呼ぶ祭壇を設ける」とあるが、こうした森がシゲと呼ばれるのだろうか。カナグラは「神座」とされ、磐座と同じ意味合いをもつといわれている。

強く印象にのこったものは、自然石を積み上げた二基の石塔だ。鳥居と並ぶ配置の妙もさることながら、ざっくりと積み上げられた造形と、最上部に置かれた海石の存在が神の降臨を語っている。豆酘の「天道法師塔」も石積みの塔だが、それとはまた一味ちがった雰囲気を醸しだしている。磐座のひとつの典型だが、粗削りながらも、素朴で均整のとれた造形に心を魅かれる。神体山の懐に抱かれたシゲとカナグラ、対馬に伝わる古層の信仰が今に息づいている。

なお、日本神話に登場する「高天原《たかまがはら》」は、対馬や沖ノ島を含む「天国《あまくに》」と呼ばれる対馬海流圏であり、天道にちなむ「日神信仰」は、対馬市美津島の「阿麻《あま》氐留《てる》神社」に繋がり、やがて太陽を神格化したアマテラス（天照大御神）になったという説があることを付け加えておきたい。アマテラスは、天道信仰の島・対馬が「原座地」だというのだ。

⑬前宮　本社や本宮より以前に存在した神社のことで、元宮と称することもある。

天道山の麓　神社は天道信仰の聖地に鎮座する。対馬の北端近く、森厳とした天道山が美しい。

石積みの石塔　素朴でぽってりとした印象の石塔。神域の象徴のような存在。

鳥居と石塔　鳥居と二基の石塔と石灯篭。奥の禁足地にカナグラと呼ばれる祭壇が設けられている。

15 唐津の佐用姫岩

佐用姫岩　佐賀県唐津市和多田先石一一－七八

みなさんは、佐賀県唐津地方に伝わる「佐用姫《さよひめ》伝説」をご存知だろうか。羽衣、浦島と並ぶ「日本三大悲恋物語」ともいわれるが、呼子《よぶこ》の田嶋神社を調べていたとき、境内に「佐與姫神社」があり、社殿の床下には佐用姫が石になったという「望夫石《ぼうふせき》」が祀られていることを知った。

朱塗りの社殿が佐與姫神社　田嶋神社の石段を上がった先に鎮座する。床下に「望夫石」が祀られている。

さらに、唐津のホテルに泊まったとき、ホテルの近くに、「佐用姫岩」なるものが存在することを教えてもらった。

伝説の要旨を記すと、「昔、松浦の里に滞在していた大伴《おおともの》狭手彦《さてひこ》は、長者の娘佐用姫と恋に落ちるが、やがて新羅《しらぎ》出兵を命じられ、船出の日が訪れる。佐用姫は鏡山の頂より領巾《ひれ》を振って名残を惜しみ、ついには船を追って呼子の加部島へ渡り、悲しみのあまり石になってしまった」というもので、この石を望夫石といい、佐用姫が鏡山から飛び降りたところが佐用姫岩だという。ただ、その望夫石は社殿の床下にあるため、普段、拝することはできない。伝え聞くところによると、女性が伏せているような形をしているというが定かではない。

さて、狭手彦を追って鏡山から飛び降りたという佐用姫岩は、河口から二キロほど遡った松浦川のほとりにあり、一目でそれと分かる造形をしている。丸みを帯びた巨石が群がるように寄せ集まり、累々と積みあがったさまは、まさに石の山だ。この岩山の上に佐用姫が飛び降りたというのだ。もっとも大きな岩の前には小さな祠があり、岩の上部には佐用姫の足跡がうっすらとのこされているという。かつては、松浦川の中に浮かぶ岩島であり、干潮のときにだけ歩いて渡れたというが、今は入り江のようなところに雄大な姿を横たえている。

今でも周囲には水が満ち、往時をしのばせてくれるが、川中に浮かんでいたころは、さぞかし神秘的な佇まいであったろうと想像される。領巾を振ったという鏡山から三キロほどのところだが、佐用姫はここまで空を飛んだのだろうか。

時は宣化《せんか》天皇二年（五三七）、今から千五百年近くも前の伝説だ。日本史の年表で五三七年をみると「大伴連狭手彦、任那《みまな》に渡り、百済を救う」と記されている。伝説といえばそれまでだが、狭手彦が渡海して任那の回復に当たったことは

⑭奥宮　同じ神社で、麓にあるものを里宮、背後の山にあるものを奥宮、山宮という。

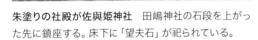

事実だろう。穿った見かたをすれば、男の身勝手さが生んだ悲恋伝説でもあるようで、いつの時代も置き去りにされるのは女だということか。この物語には、男に対する女の悲しみと怨みが凝縮されており、やがてその想いが「石の霊」に昇華するという、いわば怨念伝説として今に伝わる。

佐用姫岩遠景　松浦川の河原、湿地のようなところ、周りには何もなく、遠くからも一目でそれとわかる。水辺に浮かぶ小島のようだ。

佐用姫岩　岩の上に佐用姫が飛び降りたという。いかにも、そうした伝説が生まれるような佇まいだ。

16 石人という古墳の護り神

岩戸山古墳　福岡県八女市大字吉田字甚三谷

昨年（二〇一九）の十一月下旬、久しぶりに上野の国立博物館を訪ねた。この時期、博物館の庭園が解放されていると聞いたからだ。説明によると、博物館の敷地は、もとは徳川家の菩提寺である寛永寺の境内であり、本館が建っているところに本坊があったという。つまり、この庭園は寛永寺の遺構を伝える庭として貴重なものらしい。しかし、今まで何度も改修されたようで、当時の面影をのこしているのは広大な築山と池の一部、有馬家の墓石ぐらいとされている。庭園には小堀遠州や川村瑞賢ゆかりの茶室などが移築されており、館内とは一味ちがった見どころが点在している。

庭園を散策したあと、四年前に改装した平成館の考古展示室に足を延ばした。目的は、福岡県八女市の「岩戸山古墳」から出土した石人《せきじん》を観るためだ。改装以

岩戸山の石人　美豆良（みずら）を想起させる髪型、両手を広げて遮り、なにか叫んでいるような表情が印象的だ。

前にも訪ねたことがあるが、そのときとくらべ、格段に見やすく、わかり易い展示になっていた。重要文化財である石人は、ビップルームと呼ばれる部屋に、熊本県の江田舟山古墳から出土した国宝の「銀象嵌銘《ぎんぞうがんめい》太刀《たち》」とともに展示されていた。しかも、触れることは禁じられているものの、ケース越しではなく、直接見ることができ、撮影も可能だった。その貴重な存在ゆえに、戸惑いながらも、拝するようにシャッターを押した。

岩戸山については『磐座百選』でも触れた。あの古代史を揺るがした「磐井《いわい》の乱」の首謀者・筑紫君《ちくしのきみ》磐井の墳墓とされているものだ。岩戸山は、磐井が生存中につくったものといわれるが、そこに、聖域を守護するかのように石人を配置した。武装石人と呼ばれるものだが、この石人にはモデルがあった。磐井の祖父とされる「石人山《せきじんざん》古墳」の石人だ。現在は薄暗い覆屋《おおいや》のなかに立っているが、長年の風雨によって摩耗し、海坊主のような姿になっている。が、丸彫りの円体石人は、武人としての威圧感があり、重量感が漂う。比べて、国立博物館に展示されている石人は、刀をぶら下げてはいるが、スマートな体型となり、洗練されている。「やっこだこ」のように見えなくもないが、古墳を護るというより、埴輪のように古墳を飾る石像といった観がある。とはいえ、両手を広げて通せんぼうをしているような姿は、本来の石人の面影を保っている。

両者の違いは、祖父と磐井の立場によるものだと思うが、やはり国造《くにのみやつこ》としての権力の大きさだろうか。時の大王（天皇）である継体天皇に対抗し、覇権を争うほどの存在でもあったからだ。磐井は自らの力を誇示し、これ見よがしに墳墓を造営したといわれる。継体は乱を鎮圧した後、徹底的に墳墓を破壊したという。さもありなん、である。

石人山古墳の石人　岩戸山石人のモデルとされる。海坊主のような風貌が歴史を語る。

復元された石人山古墳の石人　その彫刻技法から、丸彫りの円体石人と呼ばれている。

17 伊都国の聖域に鎮座する「細石神社」

細石神社　福岡県糸島市三雲四三二一

君が代は　千代に八千代に　さざれ石の　巌《いわお》となりて　苔のむすまで……。

ご存知、日本の国歌・「君が代」である。さざれ石は、細石という文字をあてるように、小石《さざれ》のことで、成長して大きな巌になるという信仰が基層を流れている。柳田国男は、こうした伝承を「生石《いきいし》伝説」と名づけた。なお、各地で見られる細石は、小さな石が集まってひとつの塊《かたまり》になったものだが、本来は「成長する石」という生石の観念が基本にある。石はあたかも生きているように成長するというのだ。

その細石を冠した神社が、福岡県糸島市三雲《みくも》に存在する。ここは『魏志倭人伝』に記された「伊都国《いとこく》」に比定されている地域で、その王都と目されているところだ。周辺には、王や王妃の墓とされる遺跡群があり、径四六・五センチという国内最大の鏡など、銅鏡一二〇面を含む玉や剣などが出土したことで知られる。いわば「三種の神器」の出土地でもあるのだが、古田武彦は、ここを「王家の谷」と呼んだ。おそらく、邪馬台国の時代において、この遺跡群ほど質と量が充実しているものはどこにもない。

松本清張は、邪馬台国は卑弥呼がいる宗教地で、伊都国が政治経済の中心地であり、伊都国王が邪馬台国連合の執権だったと解釈している。イワナガヒメとコノハナサクヤヒメを祭神とし、豊臣秀吉に神田を没収される以前は「広麗なる御社」とあるのみで、それ以前のことはわからないという。『糸島郡誌』に「神体は小石の由云へり」とあるので、神社名はこの小石に因むのだと思うが、その由来もよくわからない。

いわば謎だらけなのだが、地名や伝承などから、この地を天孫降臨の舞台とする説が根強くあり、境内には、ニニギノミコトとコノハナサクヤヒメの子、ホホデミの生誕地（八龍の森）から移されたと伝わる立石（八大龍王）が存在する。この立石がなんとも神秘的で印象深い。まるで襷《たすき》をかけたようにしめ縄が張られているさまは、ホホデミがそこに立っているように思える。厚さ一〇センチにも満たない扁平な石だが、正面から見る

細石神社　伊都国の王都に鎮座する。邪馬台国の「鍵」をにぎるような立地とともに卑弥呼の幻影がちらつく。

⑮摂社　本社の管理下にある小規模神社の称。祭神に関連する神や地主神などを祀る。

八大龍王　八龍の森から移されたと伝わる立石。龍の顔が浮かび出ているようにも見えるのだが、どうだろう。

側面から見た八大龍王　厚さ10センチにも満たない扁平な石だが、大切に祀られていることが伝わってくる。

と石の上部に龍の顔が浮かび出ているように見えてくる。目を凝らして写真を見てほしい。八大龍王の顔が浮かんでこないだろうか。

伊都国のいわば聖域にあり、神体とされる「さざれ石」とホホデミの生誕地に存在したと伝わる立石。祭神の一柱であるイワナガヒメ。まるで神話の扉をひらく「鍵」のような地に、岩石崇拝の息吹が濃厚に漂い、錯綜《さくそう》しているように思える。さらにいえば、この神社の土中に、卑弥呼時代のとてつもない歴史が、眠っているような気遣いすら感じている。

18 雑木林に「磐座」をつくる話

ふたつの「作品」　山梨県北杜市大泉町

いつのころだったか。雑木林のなかに住んでみたいと想うようになった。きっかけのひとつとなったのは、「今朝《けさ》の秋」というテレビ番組だった。長野県の蓼科《たてしな》を舞台とした物語で、笠智衆《りゅうちしゅう》と杉村春子のいぶし銀のような演技もさることながら、黄色が主体となった晩秋の風景と、死と向き合う家族の心情が心に沁みた。柄にもなく、私もいつか、自然の移ろいのなかに身を置いてみたい。そう思ったのだ。あれは、磐座を本格的に訪ね始めた四十代のころと重なるようにも思えるが、今回は、ちょっと「ひと休み」、わが家の庭のことを語ってみたい。

八ヶ岳の南麓、標高一二五〇メートルの雑木林に出会ったのは、五十歳を過ぎたころ、まだ現役の「企業戦士」だった。雑木林の西側の境界を甲《かぶと》川という沢が流れ、それなりの広さと高低差があり、変化に富んだ地形だった。カラマツとアカマツ、モミを主体とした雑木林ながら、樹木も多彩で、訪ねたその日、迷いなく即断した。ただ、久しく人の手が入っておらず、藪のような状態だった。が、それがかえってよかった。雑木林をのこしながら、「磐座」が点在するような石の庭をつくろうと思ったのだ。まず、家を建てる場所の縄張りをし、敷地を歩きながら散策路を決めた。そうしたデッサンができたうえで、敷地から出てくる石を、自らの想いをぶつけるようにひとつひとつ据《す》えていった。そのなかからふたつ「作品」を紹介したい。

ひとつは、移り住んで初めて試みた石組。苔むした石を、八ヶ岳連峰の権現岳に向けて、それぞれが礼拝しているように据えてみた。八ヶ岳は、イワナガヒメ（磐長姫）を神霊とするが、醜女《しこめ》として知られ、山の神のモデルとされる神でもある。「記・紀」では天孫のみならず、人の寿命をも短命にした霊力の強い神として知られる。が、ニニギノミコト（邇邇芸命）にみそめられた美貌の妹・コノハナサクヤヒメ（木花之佐久夜毘売）とくらべ、その影は薄い。

もうひとつは、石を組むという意識をもち、磐座をイメージしながら据えたものだ。どちらも馴染みの庭師さんの手を

境界を流れる甲川　日頃は穏やかで自然な沢だが、雪解けのころには増水し、大雨が降ると濁流と化す。

⑯地主神　その土地を守護する、もともとの神。地神、土地神などともいう。

初めての石組　移り住んで間もないころ据えた石組。磐座を模したつもりだが、すっかり庭の一部となった。

最近の石組　数年前に組んだ石組だが、石の一部が苔むし寂びてきた。

借りながら、「あーだ、こーだ」と言いながら形にした。平安時代に書かれた日本最古の造園書である『作庭記』に、「石の乞《こ》はんにしたがふ」という言葉がある。石を据えるには、まず主要な石を立て、あとはその石が「望むように」据えなさいというのだ。いわば、石の意のままに……ということだが、この「石の意」というのがなんとも難しい。写真にある石組もそのようにしたつもりだが、もうすっかり周りの景色にとけこんでいる。だれに見せるわけでもないのだが、晴れた日は、庭作業のかたわら、ひねもす、石を眺め、石を据えてきた。

稲佐の浜・弁天島（島根県）

Ⅱ 中国・四国

① 金山出石寺（愛媛県）
⑲ 御厨人窟（高知県）
⑳ 盤珪座禅石（愛媛県）
㉑ 宇夫階神社（香川県）
㉒ 栗林園（香川県）
㉓ 磐境神明神社（徳島県）
㉔ 忌宮神社（山口県）
㉕ 高諸神社（広島県）
㉖ 岩穴宮（広島県）
㉗ 天神山古跡（岡山県）
㉘ 星神社（岡山県）
㉙ 佐太神社（島根県）
㉚ 出雲大社（島根県）
㉛ 女夫岩遺跡（島根県）
㉜ 赤猪岩神社（鳥取県）
㉝ 宇倍神社（鳥取県）
63 堰留神社（高知県）

19 空海の原点・室戸岬

御厨人窟　高知県室戸市室戸岬町

六年前（二〇一六）、九十四歳で亡くなった母は、空海のことをいつも「お大《だい》師《し》さん」と呼び、私が病気で寝込んだときは、仏壇から真っ黒に煤《すす》けたお大師さんの立像を取り出して、なにかつぶやきながら身体を撫《な》でてくれた。時おり、女遍路がわが家の二階に泊まることがあったが、母がかいがいしく「お接待」をしていたことを覚えている。また、遍路が「門付《かどつ》け」に来たときは、なにがしかのお金を包み、渡すことが常の風景として心にのこる。四国で生まれ育った者として、いつも身近に感じていた弘法大師・空海。彼の原点を想像してみたい。

　司馬遼太郎は『空海の風景』で、空海は超自然的な力に感応しやすい能力、つまり「巫人《ふじん》能力」をもっていたのではないかと記している。いくつか、修行をしたとされる場所を訪ねたが、いずれも大地のエネルギーを感じるところだった。とくに、高知県の御厨人窟《みくろど》がある室戸岬は、今もって大地が隆起をつづけている地殻変動の最前線といわれている。世界ジオパークにも認定されたところだが、こうした「地霊」がほとばしるような場を選んだことが、空海たる由縁のように思える。彼が修行した千二百年ほど前、洞窟のすぐ近くまで海が迫っていたというが、今は海岸まで一〇〇メートルほど歩かねばならない。それだけ地殻が動き、隆起しつづけているのだ。

　空海は、ここで、「谷響《ひびき》を惜しまず、明星来影《らいえい》す」という神秘体験をすることになる。周辺は遊歩道が整備され、地殻変動で垂直に回転してできたとされるビシャゴ岩や烏帽子岩などが存在する。いわば地球の鼓動が聞こえてくるようなところだ。

　記録にのこる空海の修行地は、わずかに、阿波の大滝嶽《おおたきだけ》、土佐の御厨人窟、伊予の石鎚山《いしづちさん》と金山出石寺《きんざんしゅっせきじ》の四か所だが、いずれも岩山や岩窟などの岩場だった。でもなぜ、こうした場所で修行したのだろうか。それはどうも、空海という法号にその答があるように思える。その由来については所説あるが、おそらく彼は、桁外れともいえる巫人能力をもっていたにちがいない。

　巫《ふ》の本質は、神を招き、神を降し、神を動かすこととされるが、修行の間、岩窟や山川草木に宿る神霊がおのれを招き、快くもてなしてくれていると感じたのではないだろうか。草木すら言問い、木の葉や草のそよぎさえも神の声のように聞こえたはずだ。文字通り、空と海、大自然にとけこみ、一体化することを願ったのだろう。さらにいえば、「明星来影」という室戸岬での引き裂かれるような神秘体験。だからこそ、土俗信仰や山岳信仰などを捨てきれず、現世肯定とでもいうべき密教体系をつくりあげたのだと思われる。

⑰論社（ろんしゃ）　類似名の神社が二つ以上あり、いずれが式内社か決定し難いもの。

御厨人窟　まさに地の果てともいえる室戸岬の先端。この洞窟で「空海」という偉人が誕生した。

ビシャゴ岩　地球の精気がほとばしるような巨岩。今もって隆起をつづけている。

御厨人窟の内部　いつも水滴が落ちているような洞窟内だが、風雨を凌ぐには十分な空間だったと思われる。

20

盤珪座禅石（ばんけいざぜんせき）

盤珪座禅石　愛媛県大洲市菅田町大竹

冒頭の「磐座との出会い」でも触れたが、かつて、私の故郷・長浜は大洲藩《おおずはん》に属していた。大洲は、大洲盆地の中央に位置する城下町で、江戸初期まで「大津」と呼ばれていた。城は、肱川《ひじかわ》に面した「地蔵ヶ岳」と呼ばれる小高い丘に築かれている。城の始まりは、鎌倉末期といわれるが、関ヶ原合戦前後、大洲を統治したのは藤堂高虎《とうどうたかとら》だった。その後、脇坂氏のあと、大洲六万石は加藤貞泰《さだやす》に与えられ、明治までつづくことになる。

『磐座百選』でとりあげた「高山の立石」から東南方向を望むと、大洲盆地をへだてて如法寺《にょほうじ》山（三二〇メートル）がなだらかな山容をみせ、その姿から富士《とみす》山《やま》とも呼ばれている。中腹には、二代藩主・加藤泰興《やすおき》が建立した如法寺が存在する。泰興が深く帰依した臨済宗の盤珪《ばんけい》和尚を開山としたもので、以来、藩主の香《こう》華《げ》の寺として篤く遇され、裏山には奥旨《おうし》軒《けん》と呼ばれる盤珪専用の修行地も整えられた。さまざまな伝説がのこされているが、そのひとつ「盤珪座禅石」なるものを紹介したい。

盤珪は、型破りとでもいうべき独創的な修行をしたことで知られるが、逸話のひとつに、「そこな山に入っては、七日も物を食べず、ここな巌に入っては、じかに尖《とが》った岩の上に坐を組むが最後、命を失うことも顧みず、自然とこけて落つるまで座を立たず……」ということが伝えられている。尖った岩の上であろうが、一度座ったら転げ落ちるまで動かなかったというのだ。彼の禅は「不生《ふしょう》禅」と呼ばれ、「人には、生れながらに仏心がそなわっており、そうした清浄無垢な心で接すればすべてがうまくいく」という意を民に説いた。

高山の立石　考古学者の鳥居龍蔵によって「東洋一のメンヒル」と推奨され、一躍有名になった。

そうした盤珪が「座禅をしたかもしれない」と説明板に記された巨石が、如法寺山の頂上付近に存在する。「如法寺山頂巨石遺跡」と呼ばれているが、ドルメン説、座禅石説、祭壇石説など諸説あり、定かなことはわからない。ただ、「座禅をしたかもしれない」という表現はなんとも不可思議でおかしかった。教育委員会が設置したものだが、あまりの「曖昧さ」に、本当に教育委員会が設置したものだろうかと思ったほどだ。

⑱奥津城（おくつき）　神道式の墓のこと。神の宮居、奥深いという意をもつ。

巨石は二つあり、大きな石のかたわらに盤珪と思われる石像が存在する。一見したとき、石仏かと思ったのだが、その逞しい「面構え」からして、どうも盤珪のようだ。座禅説に基づくものだろうか。市の資料をみると、「付近に母岩の露出がまったくないうえに、相当水による摩滅があることから、肱川から引き揚げたもの」という祭壇石説、つまり磐座説を取っている。が、まだ定説はない。

高山から望む如法寺山　手前の山が如法寺山。その形から、トミスヤマ（富士山）とも呼ばれている。

盤珪座禅石　肱川から引き揚げたとされるが、標高差は約300メートル。ちょっと無理があるように思える。

21 宇夫階神社（うぶしなじんじゃ）

宇夫階神社　香川県綾歌郡宇多津町一六四四

　重さ三百トン以上と推定される巨大な石が、宇夫階《うぶしな》神社の本殿裏に「どーん」という感じで鎮座している。高さ五・五メートル、直径四メートルだという。とにかく大きい。黄色味がかった柿渋色と丸みを帯びた形状のためか、巨大なタコがうずくまっているようで、いかつい感じもするが、どこか愛嬌ある雰囲気も漂う。巨石の前には、永年の風雨で割れて倒れたものだと思うが、扁平な石が祭壇のように横たわり、その上にしめ縄が巻かれたヒョウタンのような小さな石が乗っている。とすると、割れる以前は石全体が「おにぎり」のような形だったのではなかろうか。意図的に据えられたようにも見えるが、自然の営みがつくり出したものだろう。長年の風雨でまわりの土砂が流され、露出したものだと思われる。眼下に、塩田跡を再開発した宇多津《うたづ》の街が広がっている。かつてはこのすぐ下まで波が打ち寄せていたという。

　もう五十年以上も前のことだが、東京の大学に在学していたころ、四国に帰郷するには、「宇高《うこう》連絡船」を利用することが主な手段だった。東京から岡山を経て宇野まで国鉄を利用し、宇野から高松へは連絡船に乗り換え、高松からは、松山を経て長浜に向かった。その途中、坂出から宇多津にかけて広大な流下式塩田が広がっていたのをはっきりと覚えている。

　宇多津で本格的な製塩が始まったのは明治になってからだが、最盛期、海岸線は塩田で埋めつくされ、日本一の塩都として名を馳せた。そういえば、「コクテツ」という響きも懐かしい。

　宇多津は、鵜足《うた》郡の船着場の意に由来するという。水運の要衝として栄え、平安末期にはすでに集落が形成され、津ノ浦、鵜足津などと呼ばれていた。神社がある小高い丘は、青ノ山の北端に位置しているので、海に面した岬のようなところだったと思われる。巨石は、その頂上付近に存在する。近くには、神饌《しんせん》を供え、祭儀をおこなう「御膳岩」などの岩石が群れ広がり、壮大な神域が現出している。説明板には、本殿裏の巨石を「いわさか」と表現しているが、むしろ、丘陵全体が広大な磐境《いわさか》であり、祭祀の場所だったと思われる。

　創建年代は諸説あり、祭神は、オオナ

宇夫階神社　古くは、宇夫志那大神を祭神としていた。本殿裏の巨石が大神の依代だったと思われる。

本殿裏の神体石　重さ300トン以上。黄色味がかった色と形状から、巨大なタコの頭に、しめ縄が鉢巻きにも見えた。

ムチ（大己貴命）となっているが、古くは「宇夫志那大神」と称していたというので、もとは、鵜足郡を守護するウブスナノカミ（産土神）そのものだったのではなかろうか。いわば神社の神体ともいえる存在だが、社殿のないころ、鵜足郡の人たちは、岩石が群れる岬に集い、巨石に宿る「ウブシナ神」に、地域の弥栄《いやさか》を祈ったことだろう。それにしても、この巨石の存在感には、ただ圧倒されるばかりだ。

巨石群　累々と群れ広がる岩石の光景はまさに神域そのものであり、「いわさか」にふさわしい。

22

仙人が住まう「蓬莱島」

栗林園　香川県高松市栗林町一-二〇-一六

四国の出身だからというわけではないが、以前から「日本三名園」という呼称に違和感をもっていた。この表現がいつから使われ始めたのかわからないが、明治の中頃から文献に現れてくるという。ここにいう三名園（三公園）とは、金沢の兼六園、水戸の偕楽園、岡山の後楽園を指すが、共通するのは、江戸期に造営された池泉《ちせん》回遊式の大名庭園ということだ。広大な規模を誇り、池の周りに築山を配し、橋を架けて園路を巡り、景色を愛でるという日本庭園の要素をすべて詰め込んだ様式がとられている。広さは兼六園が約三万五千坪、偕楽園と後楽園が約四万坪とされている。

比べて、高松の栗林園《りつりん》は約二十三万坪だという。三名園と比べても破格の広さを誇り、築庭の歴史も室町末期にさかのぼる。単なる大名庭園ではない造形の思想が各所にのこり、庭の歴史を語っている。明治の庭園研究家・小沢佳次郎は『明治庭園記』に、「誰が言い出したのか、偕楽園、兼六園、後楽園を日本三公園と称しているが、これは庭園を知らない者の評価であって取るに足りないもの」という旨を記している。岡山や水戸から反発や異論が出そうだが、さらに、兼六園は天下の名園だが、後楽園は遠く栗林園に及ばず、まして偕楽園は、後楽園と比べても見劣りする……という趣旨を述べ、「畢竟《ひっきょう》日本三公園の題目は一笑をも値せざる俗評」と断じている。

ふるさと自慢のような話になったが、とくに気に入っているところは、南庭の石壁《せきへき》と小普陀《しょうふだ》と呼ばれる築山から南湖にかけての一帯、園の歴史と魅力がぎゅっと詰まっているようなところだ。小普陀とは、中国の観音霊場・普陀山にならって名付けられたと伝わり、ここに石組をともなう築山がつくられたことが築庭の始まりとされている。今まで数多くの石組を観てきたが、野趣に富みながらも、小普陀ほど粋で気品があるものはあまり知らない。初めて対面したときは、息が詰まるような感動にとらわれたことを思い出す。これはなんだ……という驚きでもあったが、以来、何度ここを訪ねたことか。いわば、栗林園の原点であり「聖地」のようなところだ。栗林園はここを基点に南湖一帯が整備され、園の原形がつくられていった。

小普陀　中国の普陀山にならった築山。この石組が栗林園の始まりとされている。

栗林園の仙磯　まさに大海に浮かぶ蓬莱島。仙人が住むという霊峰のような石組が湖面に映える。幻想的で不思議な光景。

小普陀の東、南湖に面して掬月亭《きくげつてい》と呼ばれる大きな茶屋がある。そこから南湖を望むと太鼓橋のような偃月橋《えんげつきょう》が眺められ、その左手前、池のなかに不思議な石組が見える。えもいわれぬ絶妙な石の組み合わせが池に映え、まるで仙人が住む蓬莱《ほうらい》島のように想えることから「仙《せん》磯《ぎ》」と呼ばれている。池泉の中心、掬月亭や偃月橋、南湖にあるさまざまな島や石組が、すべて仙磯のために存在しているように想えてくる。それほど蓬莱島石組の存在は大きい。湖面に揺らめいているような蓬莱島、そこに遊ぶ仙人が観えるようだ。

石壁　紫雲山の裾にある岸壁。中国の揚子江にある「赤壁」に見立てられている。

23 磐境神明神社（いわさかしんめいじんじゃ）

磐境神明神社　徳島県美馬市穴吹町口山字宮内

はるかな昔、白髭の翁《おきな》が天降り、「この谷は聖地なり。神を祀り、宮内と改めよ」と告げたという徳島県美馬市穴吹町宮内に、磐境を冠した不思議な神社が存在する。磐境神明《いわさかしんめい》神社と呼ばれているが、いわゆる社殿はなく、神明山の山頂部に「石積神殿」と表現される石垣囲いの遺跡がのこされている。この造形が他に類を見ないもので、説明板に「南北約七メートル、東西約二二メートルの範囲を長方形状に囲郭する異形の祠」と書かれている。石垣の幅は、一・五～二メートル、高さは一・五メートルほどだろうか。南側を正面として三か所の神門を設け、北側には五つの祠が座している。「五社三門」とも呼ばれる由縁だ。

　鳥居から山頂へ続く石段を見上げたとき、エッと思った。聞けば一三〇段あるという。苔むした石段が一直線に伸びている光景は、神域へといざなう神の道でもあるのだが、勾配が急過ぎて後ずさりをするほどだった。隣接する「白人《しらひと》神社」の奥宮と伝わり、地元では「天の川に続く階段」といっているが、遺構の存在が、天上界を連想させるのだろうか。

　その構造がユダヤ教の礼拝所に似ているとして、イスラエル大使が訪れたこともあり、しばしば、日本人とユダヤ人は兄弟民族であるとする「日《にち》猶《ゆ》同祖論」の根拠として採りあげられることもあるという。なかには、ユダヤのソロモン王家が阿波に渡来したという説まであるというから驚く。それほど珍しく異形な祠ということか。築造年代は不詳だが、神社の由来をみると、現在の姿は、江戸後期に改修したものとされ、比較的新しいといわれている。遺構の原形となるものがあったようだが、それがいつのものか不明だという。磐境《いわさか》という文字を冠しているので、祭祀遺跡だと思うのだが、それ以上のことはわからない。

神社への石段　鳥居の先、天上界を思わせる石積み神殿へと伸びる。

　それにしても、この石積みの配置と造形の不思議さは類がない。『阿波名勝案内』には、「石堤は磐境なるべし」とあり、磐境と表現している。材質は、結晶片岩、いわゆる「阿波の青石」と呼ばれる板石で、硬いけれど割りやすいことから古墳の石室や阿波地方に多く見られる積石塚などにも利用されている。じつは、昭和三十年ごろ、ここに財宝があるとして、発掘した「不届きもの」がいるという。ソロモン王の財宝伝説に惑わされたのか、それとも、平家の落人伝説や源為朝の来訪伝承がのこる地域なので、それ

磐境神明神社の石積み　阿波の青石で積まれた「石積み神殿」。ユダヤ教の礼拝所に似ているといわれる。不思議な空間だ。

反対側から　五つの祠と三つの神門が設けられ、「五社三門」と呼ばれている。

にちなむ財宝が連想されたのか……。そのため、石垣の地盤が揺らぎ、崩壊寸前になったという。修復したというのだが、一部分、石垣が波打ったように見えるのはそのためだろうか。

24 忌宮神社の「鬼石」

忌宮神社　山口県下関市長府宮の内一－一八

長府五万石の城下は、多くの武家屋敷と城下町らしい佇まいがのこり、雨上がりであったためか、しっとりとした風情がなんとも心地よかった。長門《ながと》の国府が置かれていたこともあり、どこか貴族的な都の香りとともに、武家の面影が漂っているような街だった。そうした歴史が沈殿しているような一画に、「忌」という文字を冠した神社が鎮座する。忌宮《いみのみや》神社だ。仲哀《ちゅうあい》天皇が熊襲《くまそ》征伐のため、七年間にわたり行宮《あんぐう》をおいたという豊浦《とよらの》宮《みや》の伝承地だが、この地に仲哀のときから千八百年つづくというスホウテー（数方庭）という奇祭が伝わり、由来となった「鬼石《おにいし》」が祀られている。

歴代天皇と皇后で、神という文字を冠しているのは、神武・崇神・応神と仲哀の妻である神功《じんぐう》皇后だけだ。仲哀はヤマトタケル（日本武尊）の皇子とされ、二人とも架空の存在とする説が有力だが、それにしてもなぜこれだけ多くの「神功皇后伝説」がのこされているのか不思議でならない。そのほとんどが「三韓征伐」にちなむものだ。ことの発端は、熊《くま》襲《そ》の反乱から始まる。熊襲を討とうと筑紫にいたとき、皇后が神がかりとなり、神託がくだる。「熊襲を討つより、海の彼方に金銀の国・新羅がある。この国を与えよう」というのだ。だが仲哀は神託を疑い、神の怒りにふれて崩御する。皇后は仲哀の喪《も》を秘し、遺体を豊浦宮に移して殯《もがり》をおこない、三韓征伐のあと、河内の長野《ながの》に埋葬したと伝わる。

鬼石伝説は、二人が豊浦宮にいたときの話で、新羅の異形の武人・塵輪《じんりん》が熊襲を扇動して攻めてきたとき、仲哀自ら弓矢をとり、塵輪を打ち取ったという説話に基づく。かなりきわどい勝利だったようで、皇軍は歓喜のあまり、矛をかざし、旗を振りながら塵輪の屍《しかばね》の周りを踊りまわったという。これが祭りの起源とされ、塵輪の顔が鬼のようであったことから、首を埋めて覆った石を鬼石と呼んだ……。長径八五センチ、短径五〇センチほどの平たい石で、六角の亀甲形で囲われている。訪ねたとき、昨夜来の雨で水が溜まり、落ち葉に埋もれていた。

豊浦皇居跡碑　熊襲征伐のため、仲哀天皇が行宮をおいたという豊浦宮の伝承地。関門海峡に面したところだ。

鬼石　六角の亀甲形をした石枠のなか、鬼のような顔をしていた敵將の首が埋められているという。

仲哀天皇殯の地　殯は、遺体を安置して祀る期間のことだが、仲哀の殯は、土肥山でおこなわれたという。

殯の地は、神社から南方約一キロにある土肥山《といやま》と伝わり、「御殯斂地《ごひんれんち》」として円墳状の塚が存在する。忌宮はイムミヤとも呼ばれる。忌むは「斎《い》む」に通じる。とすると、仲哀の死を忌み、かつ、仲哀を斎む神社と解していいのだろうか。架空とはいえ、今もって、二人の悲しみが漂っているような小さな塚。考えようによっては、なんとも存在感のある夫婦だ。ひょっとすると、二人は「実在」していたのかもしれない。

25 岩島だった高諸神社

高諸神社　広島県福山市今津町五一九

　岩の島だったという斜面に築かれた石垣のまわりは、大小の海石が無造作に積み重なり、かつ拡散し、まるで波打ち際のような光景が広がっていた。そのためだろうか、ふと磯の香がしたようにも想えた。作庭家の重森《しげもり》三玲《みれい》は「人工において構築した磐境」と表現しているが、人工の形跡はよくわからなかった。というのも、社殿が営まれている丘の周りには岩石が群れ、そのありさまを活かしながら石垣を築いているからだ。いわば自然の岩礁そのままに石垣を築き、社殿を営んでいるように思える。見ると、ところどころ石垣からそうした石が顔を出している。もとは、島そのものが信仰の対象であり、厳島（宮島）のように、神が「斎《いつ》く島」として崇拝されていたのだろう。できるだけもとの姿をのこそうとした氏子《うじこ》の「想い」が伝わってくる。

　ところは、広島県福山市今津（旧松永市）。かつての海岸線を西国街道（旧山陽道）が走り、塩田と下駄の街・松永として発展してきた。今津とあるように、この辺りまで海が迫り、神社のある丘は、松永湾に浮かぶ岩島だった。ここに新羅の国王を祀る高諸《たかもろ》神社が鎮座する。スサノオ（素戔嗚）とツルギヒコ（剣比古）を祭神とし、剣大明神とも呼ばれている。夏の大祭には瀬戸内の島々からの参拝も多く、満ち潮に乗って参り、引き潮に乗って帰っていくので、「潮間の市」といわれたという。のち、島の周囲は干拓によって塩田と化し、福山藩の財政をささえた。

　それにしても、異国の王を祀る神社はめずらしい。わずかに『播磨国風土記』にみえる新羅の皇子・アメノヒボコ（天日槍）など、いくつかの例があるだけだ。伝えによると、天武天皇の御世、この島に新羅国王が乗った船が漂着し、対応した田盛という村長《むらおさ》が朝廷に報告したが、返事が来ないうちに国王が亡くなった。のち、田盛の夢に国王があらわれ、「吾はスサノオなり、今まで新羅にいたが、日本に帰ってきた。吾が宝剣を吾が心として祀れ」と告げたという。神社の神体は剣形をした石だというが定かではない。そのころの年表には、唐が新羅に攻め入ったことが載っている。とすると、王族の一部が逃れてきた可能性も考えられるが、想像の域を出ない。

　ただ、こうした遺構は、荒れやすい。神が降臨する「磐境」という信仰が薄れると、必然、神域を守る手が入らなくなり、単なる岩場と化す場合が多い。神社でもっとも神聖なところながら、変化に富んだ広い空間のため、清浄を保つための絶え間ない手間が必要だからだ。それができるかどうかは、ひとえに、地域の人たちの「信仰」にかかっている。訪ねたのは、十三年も前のことだが、今も神域は大切に守られているだろうか。

高諸神社の岩石群　岩島の名残なのか、造形の妙か。累々と積み重なる岩石群が神域の一部を成している。

磐座　広大な磐境空間のなかに存在する磐座。ひときわ目立つ造形として存在感を示す。

高諸神社の石段　かつての「岩島」に上陸する、という形状が今ものこっているような本殿への石段。

26

巨大な岩穴に鎮座する「岩穴宮」

岩穴宮　広島県福山市山野町山野

なぜこうしたところを信仰の対象としたのか。磐座を訪ねるたびに自問することだが、高諸神社につづき、同じ福山市内にある印象深い神社を紹介したい。『磐座百選』に入れるべきか、迷ったところだ。岩穴にあるので「岩穴宮」、または「岩屋権現」と呼ばれている。なんともわかりやすい神社だが、正式名は「多祁伊奈太伎佐耶布都《たけいなだきさやふつ》神社」といい、舌を噛みそうな難しい名がつけられている。意味するところは、砂鉄を求め、出雲からこの地に進出してきた鍛冶氏族・伊奈太（稲田）氏の剣（佐耶布都）を祀る神社ということらしい。祭神は、ここにしか祀られていない下道《しもつみち》国造の祖・兄彦《えひこ》命とされるが、当初、高諸と同じスサノオ（素戔嗚）を祀っていたという。しかも、スサノオがヤマタノオロチを退治したときに用いた剣が創祀だというのだ。スサノオといい、剣といい、高諸と由来が似ているが、なにか鍛冶氏族と関係があるのだろうか。興味深い類似だが、それ以上はわからない。

神社は、福山市の郊外、馬乗山《うまのりやま》の中腹、原谷の山中に鎮座する。鳥居近くに駐車場があり、そこから山道を三五〇メートルほど登ると、薄暗い杉木立のなかに巨大な岸壁が見えてくる。県の天然記念物に指定された「上原谷石灰岩巨大礫《かみはらだにせっかいがんきょだいれき》」だ。説明板には「驚異に値する巨大な石灰岩塊」とあり、高さ三〇メートル、幅三三メートル、奥行三五メートル以上と書かれている。やがて、しめ縄が張られ「大願成就」と刻まれた注連柱《しめばしら》の先、赤みを帯びた縦縞模様の岩壁が圧するように迫ってくる。赤いというより、薄紫のようにも見えるが、地殻変動によってできた石灰岩だという。重量感のある岩壁の基部が岩窟になっており、穴の右手に本殿と摂社・赤濱宮《あかはまぐう》の社殿が並び、もっとも奥にある青黒い岩塊の異様さとともに、湿り気を帯びた神秘感が漂っている。それもそのはずで、青黒い岩塊の左には、さらに奥へと続く穴（鍾乳洞）があり、絶え間なく水が流れ出ているのだ。

もと、岩穴宮の「神体」は馬乗山であり、岩穴に祭壇を設けたのが始まりとする古い伝承があるという。神奈備《かんなび》として

岩穴宮内部　穴の奥に青黒い岩塊があるが、原初はこの岩塊そのものが信仰の対象だったと思われる。

岩穴宮　文字通り岩の穴を神体とする。石灰岩の巨大礫に穿たれた岩穴で、岸壁と神秘的な穴が対比を成す。

の馬乗山、中腹の大岩壁、岩壁の下に口を開けた洞穴、奥から流れ出る水、さらにいえば、穴の最奥にある青黒い岩塊とその奥につづくさらなる穴、そうしたいくつもの神秘的なありようが、神社創祀以前の姿だったと思われる。山中の巨大な岩塊に神を見出し、薄暗い穴に母性を感じ、清らかな湧水に豊穣を祈る。ここには、自然崇拝を基層とした山岳信仰とともに、岩屋信仰や水神信仰など、複合的な信仰要素がそろっている。

岩穴宮遠望　大願成就と刻まれた注連柱の先、木立の向こうに、縦縞模様をした巨大な岸壁が見えてくる。

27 天神山

天神山古跡　岡山県岡山市北区天神町八‐五四

岡山藩三十一万五千二百石の首邑《しゅゆう》・岡山は、「岡山三山」と呼ばれる石山・岡山・天神山《てんじんやま》を中心に発展してきた。まるで藤原京における「大和三山」のようだが、かつては海に浮かぶ島だったという。町の礎《いしずえ》は、戦国時代、宇喜多直家《うきたなおいえ》による岡山城と城下町の建設に始まり、宇喜多氏が滅んだあと小早川秀秋が入城するが、わずか二年で亡くなり、安定期に入るのは、寛永九年（一六三二）、鳥取藩主だった池田光政が入国してからだ。

城は最初、三山のひとつである石山に築かれたが、その後、石山の東にある岡山に本丸を移して城郭を拡張し、町を整備した。この山の名が、市名、県名の起源となった。天神山は、磐座が存在したためか、「神の山」として信仰され、岡山城下の聖なる一翼を担ってきた。石山の北西、県立美術館の北側にあたるところだ。天神山の地名は、天神社が祀られていたことから名づけられたという。『岡山県大百科事典』に「いずれも花崗岩の岩株《がんしゅ》を持つ」とあるので、三山それぞれに磐座が存在していたのかもしれない。事実、城が築かれる以前、石山には石山明神、岡山には岡山明神（現・岡山神社）が鎮座していたという。

いわば、岡山市のど真ん中ともいえる場所だが、ここに野趣にあふれた、広大な磐座が存在する。現在は、「天神山文化プラザ」があり、磐座があるところは「天神山古跡」として大切にのこされている。江戸期には、鴨方《かもがた》池田家の屋敷があり、磐座はその庭園の一部として利用され、存続していたようだ。北側の「土《ど》光敏夫《こうとしお》記念公園」から見上げると、崖のような景観をみせ、まさに山であることが実感できる。

磐座は、山の北側に集中、または散在し、一部手が加えられたような立石もあるが、かつての姿を留めているように思える。移動されたものもあると思うが、累々と重なるようなありようは、今なお往古の霊気を保ち、拝する者に迫ってくる。とくに、頂上部分にのこる巨石の群れは、樹木の根がからみつき、神籬《ひもろぎ》のような雰囲気とともに、地霊がほとばしるような存在感が伝わってくる。圧巻といっていい。

城下町の形成期には、天神社が鎮座し、江戸期には鴨方池田家の屋敷が建てられ、明治になると県庁舎や県会議事堂がつくられるなど、時代変化の波に洗われながら、県政の中心地としての位置をしめてきた。それでも、この一画だけは往古と変わらない姿を保ってきたと思われる。信仰の対象とされる「磐座」があったからだ。かつて私が勤めた会社の本社が近くにあったため、よくこの界隈を散歩した。そのときは必ずといっていいほど、天神山を訪ね、磐座を拝したものだ。

天神山の磐座　オブジェのようにも見える。なにを表現しているのか、地霊がほとばしるような造形だ。

頂上付近の磐座　神籬と磐座の要素を併せ持つ岩石群。「天神山古跡」という呼び名に相応しい佇まい。

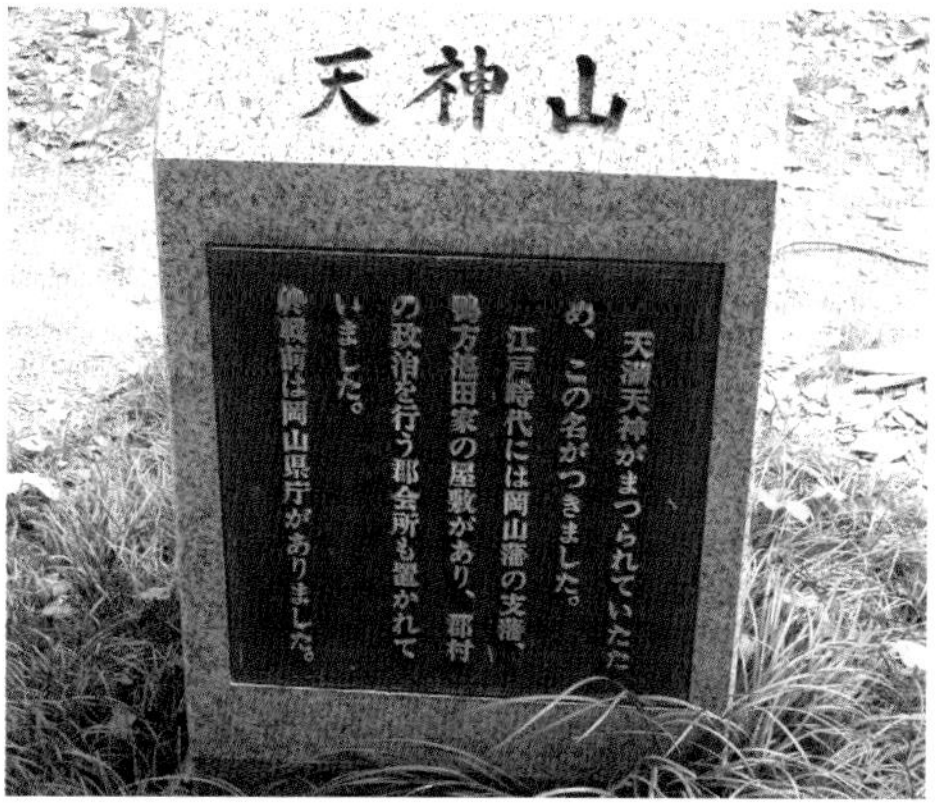

天神山碑　鴨方池田家の屋敷跡、郡会所、岡山県庁などの文字がみえ、県の中心地だったことがわかる。

28 星の神について

星神社　岡山県岡山市北区真星一六一五

日本神話における太陽の神はアマテラス（天照大御神）、月の神はツクヨミ（月読命）とされるが、星の神はほとんど知られていない。存在してはいるが、『日本書紀』の「葦原中国《あしはらのなかつくに》の平定」にだけ登場する神だ。イザナギ（伊邪那岐）が黄泉《よみ》の国から逃げ帰り、禊《みそぎ》をしたとき、左の目を洗うとアマテラスが、右の目を洗うとツクヨミが、鼻を洗うとスサノオ（須佐之男命）が誕生したとされるが、ここに星の神は登場しない。星にまつわる神話が極端に少ないということが、日本神話の謎といわれるが、太陽や月が登場しながらも星の気配はない。

　余談だが、十年ほど前に『古事記と岩石崇拝』を執筆していたとき、なぜ目と鼻を洗い、口や耳を洗わなかったのかという疑問をもったことがある。そのときは「黄泉の国の穢れを目で見て、鼻でかいだから」という解釈に触れ、しぶしぶ矛を収めたのだが、穢れたイザナミ（伊邪那美）と会話し、声を聞いたことは穢れにならないのか、という想いは今もくすぶっている。

　さて、星神のことだが、『日本書紀』では、アマテラスに最後まで従わなかった悪い神・アマツミカボシ（天津甕星）として描かれ、「アマツミカボシという悪い神がいるので、まずこの神を征伐してから……」と表現されている。意外なことだが、星神は、最初に邪神、滅ぼす神として扱われているのだ。ちなみにアマツミカボシは、金星を神格化した神とされている。

　そうした星を冠した神社が、岡山市真《ま》星《ぼし》の星神山に鎮座する。まるで星づくしのようだが、「星神社」と呼ばれている。縁起によると、この地に突如雷電が発し、山中鳴動すること三十五日、山上に星のごとく光るものがあり、天から落ちてきた三星三石だという。里人がこれを祀り、地域の繁栄を願ったことが神社の始まりとされる。本殿に隕石が納められているという伝承もあるが、定かではない。また、ミカハヤヒ（甕速日命）を祭神としているが、星との繋がりはなく、地区の氏神は「星神《ほしかみ》大明神」だったという伝承に説得力がある。

　社殿は山頂にあるため、一直線に伸びた長い石段を登らないといけない。鳥居

本殿脇にも磐座　まぼし（真星）の星神社。天から落ちてきたという三星三石、星尽くしの聖地だ。

から見上げると随神門が見え、さらにその先に石段が伸びている。落ちてきた三石とされるものは、本殿の裏側にあり、本殿横の玉垣内にひとつ、本殿背後に二つ存在する。もっとも大きな岩は高さが三メートルほどか。見る場所によって大きく印象が異なるが、本殿の真後ろから眺める二つの巨岩は凄みがある。寄り添うように屹立するさまは神が降臨する磐座の雰囲気そのものだ。反りのある屋根に乗る兜のような千木《ちぎ》と巨岩、その絶妙なありように思わずカメラを向けた。

星神社の磐座　社殿後ろの巨大な磐座。天から落ちてきた三石のうちの二石。千木と巨岩の組み合わせが見事に決まっている。

神社の石段　鳥居から見上げる石段と隋神門。勾配が微妙に変化する石段。不思議の世界へといざなう。

29

出雲大社の「原風景」

出雲大社　島根県出雲市大社町杵築東一九五

「縁結び」の神として広く親しまれている出雲大社のことを語ってみたい。『磐座百選』には入れなかったが、磐座信仰がその原形を成していると思えるからだ。『延喜式』に「杵築大社《きづきのおおやしろ》」と記され、オオクニヌシ（大国主命）を祀る神社として名高い。でもなぜ、オオクニヌシは縁結びの神とされているのか。この由来も大社の原形といえるものだが、最近、若い女性が神社などに興味をもち、訪ねる人が多いという。好きな言葉ではないが、「パワースポット」といわれるものだ。その目的のひとつが「結縁」というご利益《りやく》を願ってのことだという。

出雲大社　神体山の八雲山を背負う。本殿は、わが国の神社建築で類を見ない高さと広大さで知られる。

　まず、縁結びのことだが、『日本書紀』の国譲りの条に、オオクニヌシがその条件として、高天原の神と約束を交わす場面がある。「現世の政治は、高天原の皇孫がおこなうので、オオクニヌシは幽界の神事《かみごと》を受けもってほしい」というのだ。結果、オオクニヌシは全国の神々を率いることになり、年に一度、神々を出雲に集め、「男と女の縁」を相談する……という信仰が広まったという。また、オオクニヌシは、百八十神《ももやそかみ》もの子どもをもうけた艶福家であり、色男の名をほしいままにした恋多き神としても知られる。なんとも多感で多情な神だと思うが、こうしたことも縁結びの神とされる由縁なのだろう。

　さて、もうひとつの磐座について。出雲大社の本殿は、禁足地である八雲山を背負い、周りを二重の玉垣で囲い、わが国の神社建築で類を見ない広大な社殿として知られる。その本殿の背後、最も奥まった垣の外に一段高く、スサノオ（素戔嗚）を祀る「素鵞社《そがのやしろ》」が鎮座する。八雲山の裾にあたるところだ。この社殿の奥に、巨大な岩塊（磐座）が露出している。おそらくこの磐座が大社の原点ではないかと思うのだが、それを裏づける資料は見当たらない。が、その可能性を示唆するものとして、境内の最奥、本殿の真後ろに存在するという位置。さらに、本殿より一段高いところに祭神の先祖であるスサノオが祀られているという事実。また、この社の床下に参籠《さんろう》、祈念し、砂を持ち帰ると、霊感が得られるという神事の存在がある。

素鵞社　小振りながらも質実剛健といった佇まい。本殿の背後、境内の最も奥まったところに鎮座する。

おそらく、社殿ができる以前、磐座の前で、八雲山を拝し、神の降臨を願う神事がおこなわれていたのではないだろうか。全国から神々が招集される神在月《かみありづき》（十月）のころ、「竜蛇《りゅうじゃ》さま」と呼ばれる海蛇が稲佐浜に寄ってくるという。また、八雲山は、往古「蛇山」と呼ばれていた。こうした神奈備山、蛇、磐座という自然崇拝の形こそ、大社の始原ではなかったか。ここにオオクニヌシ以前の「原風景」を見るのだが、みなさんはどう思われるだろうか。

社殿奥の磐座　社殿の奥に巨岩が露出している。この巨岩が、出雲大社の原点なのかもしれない。

30 佐太神社の元宮

佐太神社　島根県松江市鹿島町佐陀宮内七三

　ときどき、「もっとも印象にのこる磐座はどこか」と聞かれることがある。いくつかあり、ひとつに絞ることが難しいので「うーん」といいながら言葉をにごしているが、あえてそのひとつを挙げると、松江市にある佐太《さだ》神社の元宮だろうか。対面したときは、全身に電流が走ったような衝撃をうけた。人工的に造営されたものだが、古代の人たちが想い描いていた「神座《しんざ》」とはどのようなものかを語ってくれているようで、強く琴線に触れた。と、書きながら、あまり知られたくない、そっとしておきたい……などと、逡巡している自分がおかしい。

　出雲へは何度足を運んだことか。行くたびに底知れない魅力に引き込まれ、その不思議な懐かしさに心を奪われつづけている。よく「神々のふるさと」という表現がされるが、ふるさとというより、現在もそこに神々が息づいているのを目の当たりにしてきた。今回の話は、『磐座百選』でもとりあげた「加賀《かが》の潜戸《くげど》」で誕生したという佐陀《さた》大神に由来する。この神は『出雲国風土記』に登場する神だが、狭田地方の祖神として篤い崇拝をうけてきた。出雲の神事、「神在祭《かみありまつり》」がおこなわれるのは、出雲大社と佐太神社だけという事実がそれを裏づける。

　はるかな昔、島根半島は東西に横たわる島であったという。「国引き神話」では、ヤツカミヅオミツノ（八束水臣津野命）が、「出雲は幅の小さい布のような国なので、新しくつくって縫い付けよう」と、新羅や隠岐などから「国来《くにこ》・国来」と引き寄せ、半島を作りあげるという雄大な説話が語られる。佐太神社は、隠岐から引き寄せたという「狭田《さだ》国」に鎮座する。狭田という国名は「山間に開墾した細長い水田」の意だという。平地の少ない地形からして、けっして豊かな国ではなかったはずだが、それをせっせと開墾し、勢力を広げていったと思われる。『風土記』における「出雲四大神」の一柱という位置づけとともに、平安後期に成立したという大社造りと三殿並立の威容が、かつての栄華をものがたる。

　元宮があるところは、佐太神社の背後にある三笠山。その中腹に、まるで、古代の気が漂っているような空間があり、

加賀の潜戸　光り輝く神、佐陀大神が誕生したという伝説がある。洞窟の内部は胎内を想わせる空間が広がる。

佐太神社元宮の磐座　神社の裏山、三笠山の中腹にひっそりと鎮座している。本来の「神座」とはこのようなものか。

年月が風化したような石積みがひっそりと佇んでいる。「萩の一本社《ひともと》」と呼ばれているが、半ば崩れ落ちた円形状の玉垣のなかに、神気が籠っているような十数個の自然石が寄り添うように群れている。想像するに、古代人が、まず中心となる主石を据え、ひとつひとつ石を抱き、佐陀大神の「神意」に耳を澄ませながら、慈しむように組んでいったにちがいない。まさに「神座」とは、このような佇まいのことではないだろうか。

佐太神社　大社造りの本殿が三つ並ぶ、三殿並立という珍しい形式。社殿の裏山は磐座がある三笠山。

31 天の下所造らしし大神

女夫岩遺跡　島根県松江市宍道町白石三三一三-一

所造天下大神。アメノシタツクラシシオオカミと読む。あのオオクニヌシ（大国主命）のことだ。『出雲国風土記』の主人公であり、随所に「天《あめ》の下《した》所造《つく》らしし大神《おおかみ》」という尊称で登場する。出雲大社の項でも触れたが、文字通り、天下を造った偉大な神として日本の神話にその名をのこす。今回も、神座《しんざ》としての佇まいを色濃くのこすオオクニヌシゆかりの磐座を紹介したい。

まず、『出雲国風土記』について触れておきたい。そもそも『風土記』とは、奈良時代の和銅六年（七一三）、朝廷が全国六十余の国に対して、地名に好ましい字を用いたうえで、その地名の由来、特産物、土地の肥沃度、古老の伝承などを調査、報告するよう命じたもので、各国がそれに応え、提出した「地誌」のことをいう。が、平安期には、そのほとんどが失われ、ほぼ完全な形でのこっているものは『出雲国風土記』だけになった。いわば、日本の「宝」ともいえるものだが、この風土記の存在によって日本の古代史がどれだけ彩られたものになったか計りしれない。

さて磐座だが、意宇郡《おうのこほり》、宍道郷《ししぢのさと》の条に、「オオクニヌシが狩りで追いかけた猪《しし》の像が、南の山に二つある。ひとつは周り一七メートル、もうひとつは周り一二メートル。猪を追う犬の像もある。どちらも石になっているが、猪と犬以外のなにものでもない……」とあり、石になったという「猪岩《ししいわ》」が存在する。ところは、松江市宍道《しんじ》町。「女夫《めおと》岩遺跡」と呼ばれている。家畜市場近く、山陰自動車道の女夫岩トンネルの真上にあたるところだ。じつは猪岩とされるものが、近くの石宮《いしのみや》神社にもあるのだが、平地にあるため、「南の山」という表現に合わないことから、女夫岩が有力視されている。

女夫岩は、その名が示すように、同じような巨石が向き合い、対になっている。高さは五メートルほどだという。間に樹木が根を張り、絡みついているが、もとはひとつの岩だったと思われる。女夫と呼ばれているように、本来、猪岩という言い伝えはなかったのではないだろうか。あれば、それなりの名が付けられていると思うからだ。ただ、信仰の対象として、これ以上の「神体」はないように思える。その溢れるような存在感は、拝する者に迫ってくる。

古代の人は、寄り添うような巨石に男女を重ね、生命の神秘を想い、子孫繁栄を祈ったのだろう。斜面には祭壇のような二段の石積みが築かれており、樹木にはしめ縄が張られている。古墳時代の遺物が出土しており、巨石の前で祭祀がおこなわれていたことをものがたる。帰り際、ふと視線のようなものを感じて振り向くと、ぎょろり……。女夫岩が巨大な「トンボの眼」に見えた。

女夫岩　見る方向によっては巨大なトンボの目のように見える。これぞ磐座という神気が漂う。

石宮神社・猪岩　もうひとつの猪岩伝承地。石宮とあるように境内には犬岩など、数多くの巨石が存在する。

女夫岩遠景　二段の石積みがのこり、祭祀がおこなわれていたことをものがたる。

32 もうひとつの「猪岩」

赤猪岩神社　鳥取県西伯郡南部町寺内二三二

またオオクニヌシ（大国主命）の話か……と思われるかもしれないが、出雲国の東隣、伯耆国《ほうきのくに》にも、オオクニヌシゆかりの「猪岩《ししいわ》」が存在する。『磐座百選』でも触れたのだが、全国でも珍しい「岩でもって岩を封印する」例として紹介したい。ところは鳥取県南部町。霊山として知られる大山《だいせん》の西側、島根県境に近いところで、ここに「赤猪岩《あかいいわ》神社」が鎮座する。オオクニヌシがまだ駆け出しのころで、八十神《やそかみ》といわれる兄神の荷物持ちとして大きな袋を背負い、トコトコと後をついて歩いていたころの話だ。

兄神がヤガミヒメ（八上比売）に求婚するため因幡《いなば》に向かう途中、兄神に騙された白兎を救った功徳でヤガミヒメを娶《めと》ることになるが、兄神の恨みをかい、二度殺されることになる。幸い、二度とも生き返るのだが、最初の場面に赤猪岩が登場する。兄神が「赤い猪がこの山にいる。追い下すので、待ち受けて捕らえてくれ」と、真っ赤に焼けた大石を転がり落とす。受け止めたオオクニヌシは、抱いたまま焼け死んでしまうという話だ。

大山　大山の西側、霊山と神話の世界が繋がっている。

それにしても、なぜオオクニヌシには「石」にまつわる話が多いのか。この謎解きを試みたのが歴史学者の村井康彦氏だ。村井氏は『出雲と大和』のなかで、三輪山に祀られているオオモノヌシ（大物主神）に注目し、出雲族が東進して邪馬台国をつくったという説を唱えている。オオモノヌシはオオクニヌシの異名だが、出雲族の信仰形態が「磐座信仰」だったというのだ。だからオオクニヌシの足跡には、巨石伝説が付きまとう、ということらしい。とすると、卑弥呼がおこなっていた「鬼道」とは、磐座祭祀のことだろうか。なんとも興味深い説だと思う。

さて、赤猪岩のことだが、「大国主大神御遭難地」と刻まれた石柱の先、一段と高い斜面の上に玉垣で囲まれた一画があり、二つの平たい巨石が蓋をするように置かれている。巨石と玉垣との間にはびっしりと石が敷き詰められ、石の重みでもって、悪霊を閉じ込めているような不気味な緊迫感が伝わってくる。説明板に「この岩は、地上にあって二度と掘り返されることがないよう土中深く埋められ、大石で幾重にも蓋がされ……」とあり、黄泉国《よみのくに》との境を塞ぐ「千引岩《ちびきのいわ》」を連想させる。想像するに、ここには、赤猪岩と伝わる巨石があったのだと思われる。しかし、「厄の元凶」のような石を祀るわけにもいかず、封じ込めるしか手段はなかったのだろう。穴を掘り、赤猪岩を埋め、幾重にもわたって石を重ねたのだ。その教訓でもあるのか、「受難・再生・次なる出立の地」として、再起を願う人の参拝が多いという。

赤猪岩神社　まるで怨霊を封じ込めたような石積み。オオクニヌシの神話が生々しく息づいている。

猪岩　蓋をするように積み重ねられた扁平な岩。苔むした巨岩の下にどのような猪岩が埋められているのか。

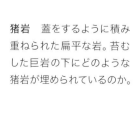

33 宇倍神社の双履石

宇倍神社　鳥取県鳥取市国府町宮下六五一

記録にのこる世界最高齢者は、フランス人女性のジャンヌ・カルマンさんで百二十二歳。日本人では、先日亡くなった百十九歳の田中カ子さん。世界歴代二位、やはり女性だ。ということは、現在の医療レベルで生きられるのは百二十歳前後ということか。

では日本の歴史（神話）ではどうなっているのか。調べると、なぜか長寿者のほとんどが、ヤマト王権草創期に集中している。たとえば、初代天皇の神武は百二十七歳、十二代景行と十六代仁徳は百四十三歳だという。天皇ではないが、初めて大臣《おおおみ》に任じられ、景行から仁徳の五代にわたり二百四十四年間仕えたという武内宿禰《たけのうちのすくね》は、なんと二百八十歳とも、三百六十歳とも記録にのこる。伝説といえばそれまでだが、「総理大臣」の祖として、また日本史上の最高齢者として名を留める。

その宿禰を祀る神社が鳥取市に鎮座する。宇倍《うべ》神社だ。式内社であり、因幡《いなば》国一宮として崇拝されてきた。本殿裏の亀《かめ》金山《がねやま》に、宿禰が一足の履《くつ》をのこして昇天したと伝わる聖地があり、「双履石《そうりせき》」と呼ばれる磐座が存在する。『因幡国風土記逸文』に「大臣武内宿禰は、御年三百六十余歳にして、当国に御下向あり。亀金に双《ふたつ》の履を残して御陰所《みかくれどころ》知れず」とあるのがそれだという。きちんと履物《はきもの》をそろえて姿を消したというのだ。

しかし、この石にはなぜか寂しさが漂う。三百六十年も生きてきた身として、自らがその生を絶たない限りけじめをつける術はなかったのだろうか。彼は、弟の讒言《ざんげん》によって応神に疑われ、死罪を言い渡されるが、熱湯に手をいれる「探湯《くがたち》」という裁判によって疑いを晴らしたという過去がある。応神の両親である仲哀《ちゅうあい》天皇や神功皇后にも仕え、応神が生まれたときは自らの手に抱き、我が子のように慈しんだという。あれだけ尽くしたのに……という想いは大きかったはずだ。「もうこのへんでよかろう」、そう思ったか。忠臣らしい最後だが、覚悟ある自殺者のようでもあり、石に漂うはかなさが印象にのこる。

石段を上ると、簡素だがしっかりとした玉垣があり、苔むした石が二つ並んでいる。なるほど、履のように見えなくもないが、宿禰の伝承にあわせて置かれたものだろう。というのも、この岡は、竪穴式石室をともなう古墳時代中期の円墳だという。石室からは銅鏡・管玉・鉄剣などが出土し、周辺からも数多くの遺物が出土している。境内全体が祭祀遺跡だった可能性が高いというのだ。とすると、この円墳は宿禰の墓なのか……とも想ったが、それらしい記録は見当たらない。双履石は、こうした聖地に、律儀な忠臣らしく行儀よく並んでいる。

宇佰神社の双履石　日本史上の最高齢者とされる武内宿禰。履物を想わせる二つの石がなぜか寂しい。

双履石碑　「亀金岡　武内宿禰命終焉之地」と刻まれた巨大な自然石。苔むし、霊界へといざなう。

双履石への石段　古墳の上に置かれているという双履石。宿禰の墳墓なのだろうか。

34 関守石という結界

わが家の関守石　山梨県北杜市大泉町

八ヶ岳南麓に家を建てたとき、和室に面した坪庭に、飛石を打った。そのとき、庭の師匠でもある「作庭処かわぐち」の川口さんが、関守石《せきもりいし》をプレゼントしてくれた。球形に近い座りのよい石で、置いたときから坪庭の景色が引き締まり、辺りの空気が「ぴーん」と張りつめたように感じた。画竜点睛とは、このようなことか、そう思った。

ここから先にはいかないでほしい……とさりげなく訴えている小さな石。茶室という聖域にいたる道すがら、飛石などの岐路に、据えられる石のことで、関守石と呼ばれる。関所を守る「関守」に由来するというが、留め石、置石、関石ともいわれる。内と外、聖と俗とを区切る「結界石」でもあるという。

跨ぐこともでき、無視することもできるのだが、だれもそれをしない。というより、できないのだ。それをしないことで、無言のまま、本来の正しい道に導いてくれるというさりげなさが心地いい。

また、禅寺などに「不許葷酒入山門」という石碑が立てられているが、これも結界石のひとつとされる。葷酒《くんしゅ》山門に入るを許さず……。修行の妨げになるので、臭いのつよいものや酒を寺にもちこんではならない。阿吽の呼吸、言わずもがなの世界がここにある。俗と聖とを分けてはいるが、けっして壁ではない。心身の穢れをすすぐことを意味し、心のけじめ（結界）をつけ、禊《みそぎ》に通じる。なんとも暗示的で粋な世界がここにある。

万福寺の結界石　修行は本来こうあるべきものという結界石。

神代の昔、亡くなった妻・イザナミ（伊邪那美）を黄泉《よみ》の国に訪ねたイザナギ（伊邪那岐）は、穢れたイザナミから逃れるため、黄泉の国との境を、巨大な「千引《ちびき》の石《いわ》」で塞いだ。ここから先に来てはならない、本来居るべきところに留まってほしい……と、この世とあの世の結界を巨石に託したのだ。その大きさは比べようもないが、ここに、関守石の原点をみる。そうしたことが、邪神の侵入を防ぐ塞神《さえのかみ》や集落の境を守る道祖神に通じ、聖と俗とを結界する関守石に繋がっているのだろう。

さて、我が家の関守石。赤子の頭ほどの丸石を、棕櫚《しゅろ》縄で四方結びにしたもので、結び手がチョンマゲのようにひょいと立ち上がっている。簡素なつくりながら、味わい深く、凛とした気品が漂う。小さいけれど、周りの風景に溶けこみ、その存在感を訴えている。だれもがもち運びができる大きさでありながら、それなりの重さがあり、安定感がある。実と美を兼ね備えた優れものだ。あくまでもさりげなく、でもその「心」が理解できなければ意味をなさない。心のけじめを小さな石に託したもの、それが関守石だと理解する。

飛石と関守石　あくまでもさりげなく、しかし凜とした関守石の存在が坪庭の佇まいを引き締める。

関守石　その意を知らないと意味をなさない。が、知る人にとって、これ以上の意思表示はない。

Ⅲ 近畿

御厨子《みずし》神社・石析《いわさく》神（奈良県）

② 上賀茂神社（京都府）
③ 下鴨神社（京都府）
⑦ 東大寺二月堂（奈良県）
⑧ 檜原神社（奈良県）
㉟ 那智の滝（和歌山県）
㊱ 虫喰岩（和歌山県）
㊲ 春日神社（奈良県）
㊳ 宮滝の「岩原」（奈良県）
㊴ 天石立神社（奈良県）
㊵ 石坐の神山（兵庫県）
㊶ 日吉神社（兵庫県）
㊷ 大阪城（大阪府）
㊸ 坐摩神社行宮（大阪府）
㊹ 長明方丈石（京都府）
㊺ 醍醐寺三宝院（京都府）
㊻ 神山（京都府）
㊼ 九山八海石（京都府）
㊽ 松尾大社（京都府）
㊾ 雨宮龍神社（滋賀県）
㊿ 太郎坊宮（滋賀県）
51 安土城跡（滋賀県）
52 伊勢神宮巌社（三重県）
53 立神浦の「立神」（三重県）

35 那智の滝

那智の滝　和歌山県東牟婁郡那智勝浦町那智山一

初めて「那智の滝」を訪ねたときの印象は、「音」という文字そのものだった。ドーンという地鳴りのような音は、遠雷のようにどこまでも追いかけてくるようで、遠く離れた阿弥陀寺まで聞こえていたような記憶がある。今でも、那智の滝と聞くだけで、不気味だった阿弥陀寺とともに、ドーンという音が耳の奥で鳴っているような気がしてくる。

　さて、もう十年以上も前になるが、那智の滝でどうしても確かめておきたいことがあった。滝が流れ落ちる岸壁の姿だ。なぜこの滝が神体とされてきたのか、そのわけは、滝とともに、滝を受けとめる岸壁にあるのではないかと想っていたからだ。見上げると、三筋の流れが途中で合流し、半ばで岩盤につきあたり、千々《ちぢ》に乱れている。じっと見ていると、飛沫《しぶき》の奥に、それらしきものが浮かんでくる。

高さ一三三メートル、日本一の落差を誇り、オオナムチ（大己貴命）を祭神とし、本地仏を千手観音とするが、明治の神仏分離まで、飛瀧《ひろう》権現と呼ばれていた。地震のため崩落したというが、かつて岩壁には千手観音に見立てられた岩塊があっ

那智の滝全景　滝の前に立ち、仰ぎ見ると、古代人が滝そのものを神と観念した想いが素直に伝わってくる。

那智の滝遠望　遠く離れていても地鳴りのようなドーンという滝の音が聞こえ、その存在を感じていた。

那智の滝と岸壁　なにかが滝の奥から姿を現すかのような水煙の動き。

たという。その原形が残存しているのではと願っていたが、幸いにもその面影はまだのこっていた。

滝に詣でたひとりに、「二の滝」近くで修行をしたという花山院《かざんいん》がいる。彼が詠んだ歌に「石走《いわばし》る滝にまがひて那智の山高根を見れば花の白雲」というのがある。「石ばしる」は、神奈備山などにかかる神事の枕詞とされるが、ここにいう石は滝の岩壁を指しているのだろう。藤原道兼にだまされて、わずか二年で退位、出家したあとに詠んだものだが、桜を愛でる心境から、その無念さから解き放たれた歌のようにも思える。

もうひとり、やはりこの世に絶望して詣でた平維盛《これもり》がいる。彼は、清盛の孫であり重盛の嫡男《ちゃくなん》ながら、源氏との戦のさなか、屋島の陣営を離脱し、高野山で出家する。最後に熊野《くまの》詣《もうで》を希望し、那智の滝を訪れたあと、熊野の海に入水するのだが、『平家物語』に「三重にみなぎり落つる滝の水、数千丈までうちのぼり、観音の霊像は岩の上にあらはれて……」というくだりがある。ここにいう岩上の観音霊像こそ、先に述べた岩塊のことだと思われる。

古来より主役は滝そのものだったかもしれないが、背後にそびえる広大な岸壁があってこその滝だったのではないか。流れ落ちる長大な滝は、飛沫をあげて岩壁にぶつかり、轟音を発しながら水煙とともに舞い降りる。水煙の向こうには神の姿が浮かんでいる。これこそ「那智の神」だと観じたことだろう。滝と岩壁と轟音、三位一体となった飛瀧権現の神影をここにみる。

36 「虫喰岩」と呼ばれる奇岩

虫喰岩　和歌山県東牟婁郡古座川町池野山

　なんとも怖い話だが、「熊野詣」の途中で餓死してしまった亡者の魂が、ダル（餓鬼）と呼ばれてうろつき、旅人に取り憑くことがあるという。覗くと飢餓感に襲われるという「餓鬼穴」の存在も伝わる。でも、なぜ取り憑くのか。亡者が生者と重なり、果たせなかった熊野詣を託すためなのか。そうしたダルがうろついているような岩山が、「大辺路《おおへち》」の古座・地蔵峠ルート、池野山という集落に存在する。魔物に喰われたという「虫喰《むしくい》岩」だ。

　さて、これは奇岩というべきか。怪石と表現すべきか。なんとも奇妙で得体が知れない。角度によっては醜く歪んだ人面のようにも見える。亀裂を伴う穴だらけの形状は奇怪である。この珍しい造形を美観と感じる人もいるようだが、不気味さに目を背ける人もいるという。が、ただ珍しいだけではない、なにか怪しげな奇《く》しき岩という印象が強い。「奇」という文字が並んだが、それだけ奇妙奇《きみょうき》天烈《てれつ》な存在なのだ。

　説明板によると、「熊野カルデラ」の形成に伴い、約千五百万年前にマグマが噴出したもので、幅約八〇メートル、高さ約三〇メートルだという。長年の風雨などによって浸食され、虫が喰った跡のように変化をとげた自然の造形美と説明されている。こうした岩盤や岩塊の表面にできた円形の風化穴を、地質学では「タフォニ」と呼んでいる。

　『紀伊続風土記』の三前郷《みさきのごう》に、近くの「ボタン岩」とともに、「巌の奇形殆書画の如し」とあり、「土人是を虫喰岩といふ。大石所々穴をなして、其形状、蟲《むし》の食めるが如く最奇形あり」と記されている。奇形だけれど、書画のようだと驚嘆しているが、祭祀の対象とはされていない。ただ、人智の及ばない「不可思議」な対象と思われていたようで、岩の基部に移されたが、かつては、頂上付近の穴に祠が置かれ、観音像を安置していた。また、穴の開いた小石を供えて念ずれば、耳の病気が治ると言い伝えられている。

　野本寛一氏は『熊野山海民俗考』において、こうした岩壁を「磐座以前」ともいうべき、信仰や祭祀の対象には至らないものの、形状をもって命名をされ、景仰の対象となったものと考察している。祭祀の対象ではないが、「特別視」された存在だというのだ。

　出会ったのは、那智の滝から古座川の河内島へ向かう途中でのこと、岩山が視界に入ってきたときから、その異様さに気がついていた。「これはなんだ」というのが第一印象だった。そうした驚きは、熊野古道を歩いた旅人も同じだっただろう。神聖視されてはいないが、なぜか奇妙な存在が気になる。思わず立ち止まり、仰ぎ見ざるをえない。「プレ（前）磐座」のような奇岩がここにある。

虫喰岩　魔物に喰われ、穴だらけになったという岩の山。苦痛に歪んだ顔のようにも見えてくる。

虫喰岩と祠　数多くの穴が「耳の穴」を想像させるのか、耳の病気が治ると信仰されている。

37 磐余と大津皇子

春日神社　奈良県桜井市吉備二五九

十年ほど前に上梓した『古事記と岩石崇拝』の取材をしていたとき、足繁く通った場所がある。奈良県桜井市の南西部から橿原市南東部の辺り、古代、磐余《いわれ》と呼ばれ、ヤマト王権がこよなく愛したところだ。飛鳥に宮都がおかれる以前、五代にわたって宮が置かれ、王権の「聖地」ともいわれている。磐余の範囲はさまざまな説があり、特定されてはいないのだが、おおよそ桜井駅の南を流れる寺川から天香具山《あまのかぐやま》にかけての地域を指すようだ。

なかでも丹念に歩いたところは、谷・阿部・吉備・池之内と呼ばれる地域で、「磐余山」に比定される阿部山の周辺にあたる。いわば、古代史の懐に抱かれたようなところなのだが、隣接する飛鳥にくらべ、なんとも影が薄い。

磐余とは、磐が余ると書くが、岩石の所在を意味するといい、イワムレ（石村）、つまり「岩が群がっているところ」を意味するらしい。ただ、そこがどこなのかわかっていない。初代・神武天皇の和風諡号《しごう》は、神日本磐余彦《かむやまといわれびこ》とされるが、当初は、イワレビコ（磐余彦）、つまり、「磐余の漢《おとこ》」と呼ばれていたのだろう。でも、なぜ磐余が王権の聖地とされたのか、なぜ神武は磐余彦と呼ばれたのか。

小著にも書いたが、初期のヤマト王権は、三輪山のような神奈備信仰と磐座祭祀をおこなっていたのではないかと考えていた。そして、どこかに岩が群れていた痕跡があるのでは、と思ったからだ。その想いは今もつづいている。

イワムレの痕跡は見つからなかったが、『日本書紀』に、イワレビコが大和に至ったとき、敵対する兄磯城《えしき》の軍が磐余邑《いわれのむら》に溢れていたという記述があり、磐余邑の場所が桜井市吉備の春日神社周辺とされている。近くには、「磐余の池」もあったというが、その神社に謎の「磐座」が祀られている。拝殿に掲げられた祭神の筆頭に、「磐座大津皇子」という神名があり、社殿の奥にしめ縄が張られた立石が垣間見える。この立石が、大津皇子の磐座なのだろうか。天武天皇の皇子ながら、天武亡きあと、叔母である持統天皇によって謀反の疑いをかけられ、申し立ても許されないまま、訳語田《おさだ》にあった自宅で処刑された。

百《もも》伝ふ　磐余の池に鳴く鴨を　今日のみ見てや　雲隠りなむ……辞世の歌だ。今日を限りとして死の世界に赴くという、血を吐くような歌をのこし、従容《しょうよう》として死に臨んだという。二十四歳だった。亡骸《なきがら》は、当初、馬来田《まくだ》に葬られ、のち、二上山の雄岳に移葬されたという。

とすると、「磐座大津皇子」とはなにを意味するのだろうか。磐余という地名とともに、謎を秘めた「皇子の磐座」に想いがめぐる。

磐座大津皇子　吉備の春日神社に祀られている磐座。でもなぜ大津皇子に「磐座」という文字が冠せられたのか。

神武天皇聖蹟碑　神社近くに立つ神武の聖蹟碑。この辺りに神武の軍が集まり、敵を破ったことが記されている。

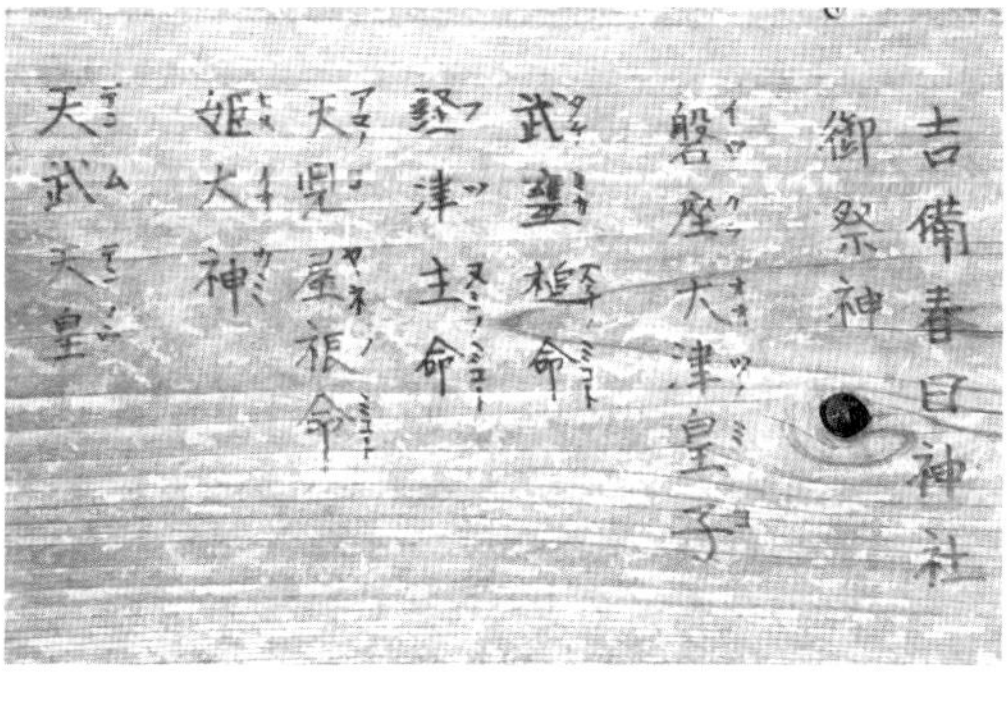

祭神名　春日神社にもかかわらず、祭神の筆頭に大津皇子の名があり、父である天武天皇の名もみえる。

38 巌を押し分けて出で来りき

宮滝の「岩原」　奈良県吉野郡吉野町大字宮滝八二

新しい天皇が即位し、「令和」と改元された。初代の神武から数えて一二六代という。こうした代替わりでは、即位の礼や大嘗祭《だいじょうさい》など、さまざまな行事がおこなわれてきた。なかでも大嘗祭は、一世一代限りの意義深い儀式として荘厳化された。新穀をもって神々を饗《きょう》する収穫祭に起源があるとされ、即位後に初めておこなう新嘗祭《にいなめさい》を、年ごとのものと区別して大嘗祭と称するようになった。区別されたのは、天武・持統朝のころだとされる。今回は、大嘗祭に欠かせぬ「クズ」と呼ばれた山の民がいたことを紹介したい。『記・紀』などに、国巣《くず》、国樔《くず》として登場する土着民で、国栖、国主とも表記された。

　神武のおくり名は、イワレビコ（磐余彦）だということは前項でも述べた。イワレビコが熊野から吉野に至ったとき、三人の「国つ神」に出会うが、そこにクズの祖とされる山の民が登場する。『古事記』に、「また尾《お》生ひたる人に遇《あ》ひたまひき。この人巌《いわお》を押し分けて出で来りき」とあり、「汝は誰ぞ」と聞くと、「僕《あ》の名は石押分《いわおしわく》之《の》子《こ》」と答え、天つ神の御子が来ると聞き、出迎えにきたというのだ。「尾生ひたる」とあるので、毛皮を腰に巻いていたのか。それにもまして、巌を押し分けて出て来た……という表現が意味深い。

　嬉しかったはずだ。ここまで、さまざまな受難を乗り越えてきたイワレビコ。精神的にもぎりぎりの状態だったと思われる。そうしたとき、土着の神が出迎えてくれた。敵の本拠地はすぐ近くに迫っている。つかの間の安らぎであり、純朴なもてなしは心に沁みたことだろう。のち、この地は、天武や持統がこよなく愛した「宮滝」としてその名をのこす。

岩原全景　両岸にせまる岸壁と岩原は、古くから奇勝とされ、万葉集にも詠まれ、数多くの文人墨客が訪れた。

　宮滝の柴橋から上流を眺めると、「岩原」と呼ばれる岩盤が両岸から川にせりだし、裂け目のような峡谷を成している。絶景だが難所でもあった。クズにとって、屹立する岩盤は、信仰の対象であり、聖地でもあったのだろう。イワオシワクノコは、聖地である岩原で出迎えたのではないだろうか。それがまるで「巌を押し分けて」出て来たように見えたのだ。

　さて大嘗祭は、大嘗宮を造営して祭場

岩原と吉野川　断崖になっているため、岩飛びの名所として知られ、水練の達者な里人が飛び込む技を見せたという。

宮滝付近　天武と持統が愛した景勝地。よほど気に入ったのか、持統は31回も宮滝を訪れている。

とするが、その核心をなすのは「大嘗宮の儀」と呼ばれるもので、皇祖神と初穂を共に食し、祖霊と合体するという秘儀にある。この儀式にクズが招かれ、御贄《みにえ》を献じ、山の風俗を色濃くのこす「古風」と呼ばれる歌舞を奏した。

　でもなぜ、クズが招かれたのか。柳田国男は『山の人生』で、「山から神霊を降すため」と考察したが、基層にあるのは、「巌の神」ともいえるイワオシワクノコとの出会いだったと思われる。

39 柳生の里

天石立神社　奈良県奈良市柳生町柳生字岩戸谷七八九

　同じような経験をした方も多いと思うが、高校から三十代後半、夢中になって「歴史小説」を読んだことがある。笑われるかもしれないが、ある作品では、普通の姿勢ではもったいなく、正座をして読んだことを思い出す。出会いは、高校一年の夏休み、吉川英治の『宮本武蔵』だった。以来、海音寺潮五郎、山本周五郎、井上靖、大佛《おさらぎ》次郎、司馬遼太郎、藤沢周平など、むさぼるように読んでいった。新刊を待ちきれず、発売日になると書店に駆けつけたものだ。

　そうしたなかで、いつしか「柳生《やぎゅう》」という地名が記憶のなかに沈殿し、その想いが淡い景色のように浮かんでは消えるようになった。池波正太郎の剣聖、上《かみ》泉《いずみ》伊勢守を描いた『剣の天地』に、柳生に招かれた伊勢守が「まるで、夢の中にでも出て来るような、小さな、可愛ゆい土地じゃ」と感嘆する場面がある。さながら、隠れ里のような山間地だが、いつか訪ねてみたい、そう思った。やがて、あらためて柳生の存在を意識するようになった。数多くの「磐座」が、柳生の地に息づいていたからだ。そのひとつ、天石立《あまのいわたて》神社を紹介したい。

　柳生家代々の菩提所である芳徳寺《ほうとくじ》の近く、まさに巨石重畳、戸岩谷と呼ばれる神域がある。ここに前伏磐、前立磐、後立磐という三つの巨石が存在する。天《あまの》岩戸《いわと》の扉が飛んできたという伝説もあり、「戸岩さん」とも呼ばれるが、神社の神体として祀られている。

　じつは、紹介したいのは、この戸岩ではない。ここからさらに奥へ進むと杉木立の間に、真っ二つに割れた巌が見えてくる。俗にいう「一刀石《いっとうせき》」だ。長さ八メートル、幅七メートル、高さ二メートルだという。「柳生新陰流の始祖、柳生宗《むね》厳《よし》（石舟斎）が天狗を相手に剣の修業をしていて、天狗と思って切ったのがこの岩だった」と記されている。天狗を相手にしたかどうかは別にして、石舟斎がここで修業に励み、新陰流の奥義を極めたことが今に伝わる。

天石立神社入口　三つの巨石を祀る。柳生家にとってこれ以上の修行地はなかっただろう。

　気になるのは、その場所と形状の異様さだ。神社は、谷の入口付近だが、一刀石は谷の最奥ともいえるところに位置する。いわば、奥宮ともいえるところだ。三つの巨石は、天磐戸別《あまのいわとわけ》命、豊磐門戸《とよいわかど》命、櫛磐門戸《くしいわかど》命とも称しているが、もとは同一神の別名であり、「この神は御門の神なり」と『古事記』に載る。ということは、一刀石を守護する神門のような存在だったのではないだろうか。森厳とした奥深い谷間に横たわる、引き裂かれたような巨石。孵化《ふか》寸前の卵のようにも見え、今にも天岩戸のように裂け目が開き、なにかが現れるような気這い。こうしたドキドキするような感覚が一刀石の始原に思えてくる。

一刀石　柳生石舟斎が切り割ったという巨石だが、石舟斎ならば……という納得感のようなものがおもしろい。

杉木立のなかの一刀石　戸岩谷の「奥の院」のようなところ、杉木立のなかにその石が鎮座する。

40 石坐の神山

石坐の神山　兵庫県姫路市香寺町須加院

イワクラという言葉は、磐座・岩座・石坐・石位などと表記されるが、神さまが座る石のことだと理解すればいいと思う。磐・岩・石という文字が使われているが、どれもイワと読む。たとえば磐座という文字について。磐とは堅固なことを称える意を含み、座《くら》とは神を迎えるところを意とする。堅固で永遠な存在であってほしいと願う言葉でもあるのだろう。

石坐《いはくら》の神山《かみやま》といふは、此の山、石を戴く。又、豊穂命《とよほのみこと》の神在《いま》す。故《かれ》、石坐の神山といふ……。

これは『播磨国風土記』神前郡《かむさきのこおり》に登場する「石坐」だ。ここにいう「石坐の神山」は、姫路市香寺町に所在する。風土記には、的部《いくはべ》の里と記されている。的部とは、現在の香寺町岩部《いわべ》が遺称地というが、その響きそのものが石坐という気這いを伝えている。山頂近くに岩壁と岩屋があり、毘沙門《びしゃもん》堂があるため毘沙門山と呼ばれている。ただ、この岩壁は頂上に近いけれど、頂上ではない。このありさまは「石を戴《いただ》く」という描写にはそぐわない。しかし、頂上にはそれと思われる巨石はないという。とすると、やはりこの岩壁を石坐と表現したのだろう。三つに割れたような岩盤の基部が岩屋になっており、割れ目には祠があり、窪地には水が溜まっている。そういえば、美《み》嚢郡《なぎのこおり》にある「志染《しじみ》の石室《いわむろ》」も同じような形状をしているが、古代の播磨人は、こうした光景に感応したのだろうか。

ところで『播磨国風土記』は『古事記』より新しいものの、『日本書紀』より古く、日本最古の人文地理書といわれていることをご存知だろうか。ちなみに『古事記』は和銅五年（七一二）、『播磨国風土記』は和銅八年（七一五）、『日本書紀』は養老四年（七二〇）の完成とされる。以前も触れたが、風土記の編纂は、今から千三百年ほど前、和銅六年に始まる。この年、全国六十余国に、地名に二字の好ましい字を用い、地名の由来、特産物、土地の肥沃度、古老の伝承などをまとめて報告するよう詔が出された。

二年後、全国に先駆けて播磨国から報告書が提出された。これが今に伝わる『播磨国風土記』だ。この功績の背後に

志染の石室　水が湧き出る神秘的な洞窟だが、「石坐の神山」と同じような雰囲気を感じる。

石坐の神山　石坐という表記とともに、神山、豊穂命の神という文字まで登場する神々の世界がここにある。

は、楽浪河内《さざなみのこうち》という有能な官人の存在が指摘されている。国府に勤める百済系の渡来人二世だというが、百済国の滅亡が、結果として日本文化の醸成と発展に寄与したことは否めない。

『播磨国風土記』の故地
最も素朴さが濃いといわれるが、伝説などを数多く載せていることに特色がある。

41 神さまの「置き土産」

日吉神社　兵庫県神崎郡神河町比延二二四五

昔、オオナムチ（大汝命）とスクナヒコネ（小比古尼命）が、「堲《はに》を担ぐのと、糞《くそ》をしないでいくのと、どちらが遠くまでいけるか」と競ったとき、オオナムチは糞をしない方を選び、スクナヒコネは堲（粘土）を担ぐ方を選んだ。数日後、オオナムチは、「もう我慢ができない」と座って糞をした。そのとき、スクナヒコネも笑いながら、「わたしも限界だ」と言って堲を岡に投げ捨てた。だから、堲岡《はにおか》と呼ばれ、オオナムチが糞をしたとき、笹がはじけて着物にくっついたので、波自賀《はじか》村と名づけた。そのときの堲と糞は、今も石となってのこっている……。『播磨国風土記』に載る、神さまの「我慢比べ」だ。

なんとも天真爛漫な話だが、七年ほど前、堲が石になったという大岩を訪ねた。神河町比延《ひえ》に鎮座する日吉《ひよし》神社だ。オオヤマクイ（大山咋命）とともに、オオナムチとスクナヒコネを祭神とする。風土記にはさまざまな地名伝承があるが、いわば、これだけ尾籠《びろう》なことを微細に伝える例をあまり知らない。堲はそれなりに理解できるが、糞まで石になるという話は、滑稽でもある。神さまのことだとしても、地元としてはあまり喜ぶべき伝承ではなかったかもしれない。ただこうした「下ネタ」は、人びとの口にのぼりやすく、好奇さとともに愛される要素をふくんでいる。つい「神さんがナ……」としゃべりたくなるのだ。

日吉神社　比延という地に鎮座する。神さまの置き土産は、神社の右手、民家の裏山に存在する。

岩山は、神社に隣接する民家の背後にそびえている。遠くから見ると、樹木に覆われており、よくわからない。民家を訪ねたところ、ご主人が在宅しており、快く案内してもらった。民家の裏庭のようなところで、覆いかぶさるように岩塊がせまってくる。高さ、幅とも二〇メートル以上とされるが、間近すぎて全容が見えない。と、書いたが、最近、樹木が伐採され、巨大な岩塊が現れたことを知った。その写真を見たが、むき出しになった岩は、なぜか気恥ずかしい。全容が見えなかった光景を知るだけに、神さまの秘密が暴かれたようで、落ち着かない。「秘すれば花」ではないが、隠されてこその「はなし」だと思うのだが、みなさんはどう思われるだろうか。

風土記によると、土地の肥沃度は、最下級の「下の下《しも》」とあり、痩せた土地だったことが記されている。これにちなみ、『古代播磨の地名は語る』におもしろい説が載っている。痩せた土地なので、オオナムチは肥料（人糞）を運び、スクナヒコネは粘土によって農地改良をしようと頑張ったが、途中で断念し、不成功に終わったというのだ。日本国の基礎をつくったとされる二神であっても、「できないこと」があったということか。

置き土産　神さまが投げ捨てたという粘土。なにやら、そんな感じがしてくる。

42 大阪城の「蛸石」

大阪城　大阪府大阪市中央区大阪城一―一

織田信長が、桶狭間《おけはざま》で今川義元に勝利したあと、美濃攻略のために築いた小牧山城が、発掘にともない近世城下町の源流としての姿を現しつつある。そのなかで、興味深いことは、城の中心部である主郭《しゅかく》が上下二段からなる総石垣づくりだったということと、主郭の入口に城主の権威を示す巨大な「鏡石《かがみいし》」が存在していたという事実だ。信長がその創始といわれるが、権威の象徴とともに、邪気の侵入を防ぐ塞神《さえのかみ》を模しているようにも思える。

加賀藩で石垣普請の穴生方《あのうがた》を勤めた後藤家に伝わる「後藤家文書」に「鏡石ところを知りて築くべし、必ず神もいますぞと知れ」とあり、さらに「鏡とは石垣づらの惣名なり、全て面を鏡とは知れ」とつづいている。また「陰陽和合之縄張積方」といった表現もある。陰（横石）と陽（縦石）を組み合わせると完全になるというのだ。石垣なれども、単なる石垣にはあらず。石には神霊が宿っている。神の霊力でもって城を守る、その心得のもと、石と向き合わねばならない……、そう語り継がれているのだ。なんと意味深い言葉だろうか。

鏡石を代表するものに、大阪城桜門枡形にある「蛸石《たこいし》」がある。城内でもっとも大きなもので、高さ五・五メートル、横一一・七メートル、畳約三十六枚分だという。全国一の大きさを誇る。岡山藩主の池田忠雄《ただかつ》が、領内の犬島から運んだもので、城内にある巨石のほとんどが犬島や小豆島など、瀬戸内の島々から運ばれたものだという。

もうひとつ紹介したいのは、名古屋城の鏡石。東二之門の正面にあり、俗に「清正石」と呼ばれている。高さ二メートル、横六メートル、畳約八枚分という。ただ、ここを担当した施工大名は、黒田長政なので、「長政石」とすべきだが、そうでないのは、清正の人気にあやかったものらしい。清正は、天守の石垣を担当したが、その見事な出来栄えから「清正流三日月石垣」と呼ばれている。清正石は城内で一番大きな石だが、それでも蛸石の四分の一ほどの大きさでしかなく、

名古屋城の清正石　これでも、蛸石の四分の一ほどでしかない。

全国では十四番目だという。一番から十三番目までは、すべて大阪城にある。なぜだろうか。

　名古屋城は、関ケ原合戦のあと、家康が大坂の豊臣に備えたもので、軍事的要塞の役割が大きい。比べて大阪城は、豊臣を滅ぼしたあと、その痕跡を消すかのように、秀吉が築いた城の上に土を盛り、再構築したものだ。戦う城より、徳川の権威を見せつけるものでなければならない。とにかく、すべて「でかいもの」がよかったのだ。結果、これ見よがしに名古屋城を上回る巨石が集められた。権威と見栄には、とかく労力とお金がかかるものだ

大阪城　秀吉の城は徳川によって埋められ、現在の城は、昭和の初めに再建されたもの。

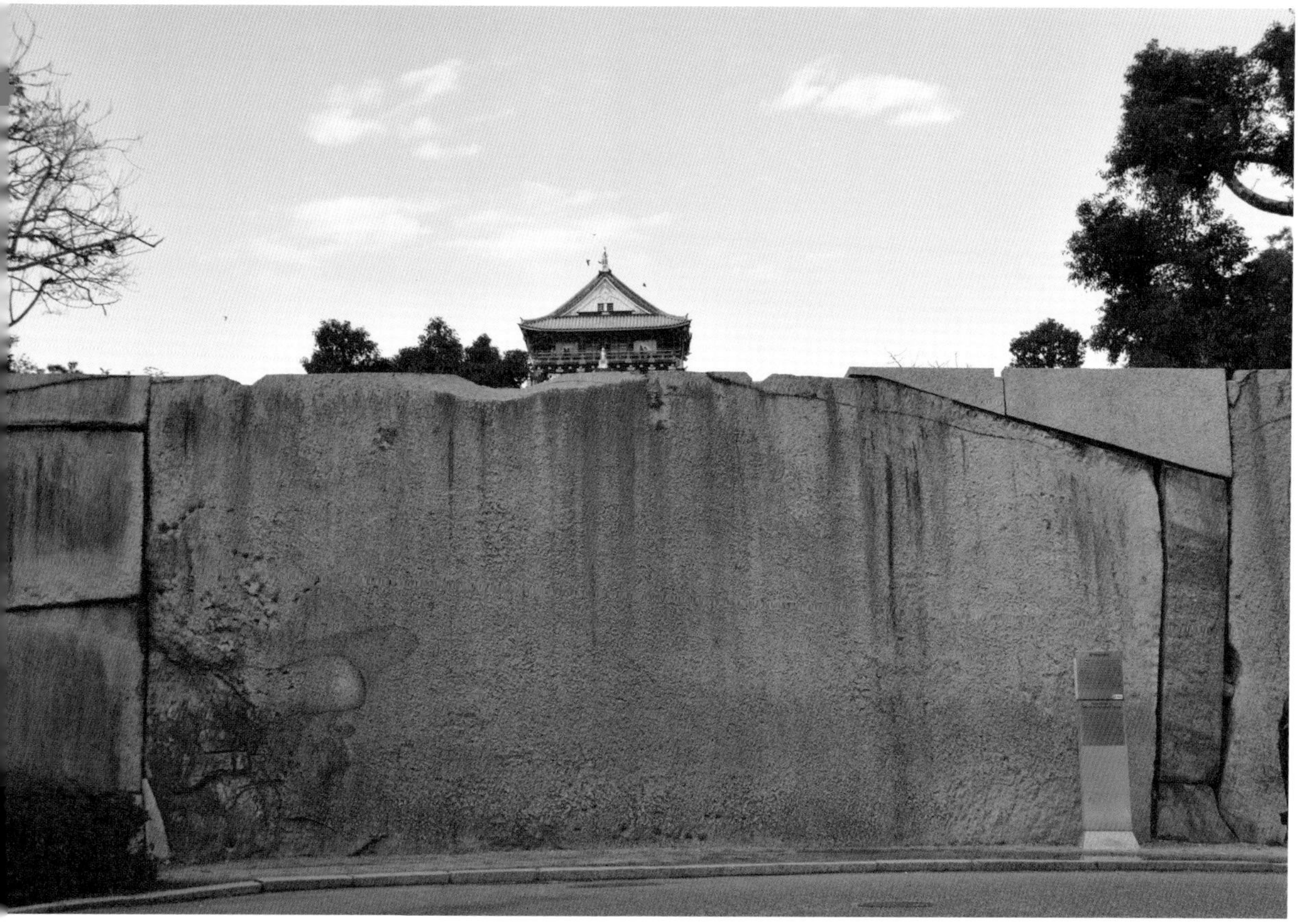

最大の大きさを誇る蛸石　背後に顔を出す大阪城天守。徳川の力を見せつけるような光景だ。

43 バラバラに割れた「磐座」

坐摩神社行宮　大阪府大阪市中央区石町二－二－一五

由緒ある「磐座」があるのに覆《おお》われていて見えない。大阪の磐座を調べていたとき、気になっていた神社のことだ。坐摩と書いてイカスリと読むのだが、地元では「ざまさん」という通称で親しまれている。大阪のどまんなか、御堂筋と中央大通りの交差点近くに鎮座する。ただ、この地は豊臣秀吉が大阪城を築く時に、替地を命ぜられたところで、もとは大阪城近くの石町《こくまち》にあった。現在でも「お旅所」として祭祀が継承され、坐摩《いかすり》神社行《あん》宮《ぐう》と呼ばれている。古代のコクフ（国府）が転じてコクマチ（石町）になったという説もあるのだが、ここに行宮ゆかりの石が存在する。神功皇后が休息したという「鎮座石」だ。

　気になっていたのは、石の形状と祭神のことだ。なんともややこしいが、坐摩神とは、宮中の地鎮祭に登場する五座の神を総称した神名とされ、土地をまもる意の居所知《いかしり》が転じたものだという。『神道事典』には、神武天皇が宮中に大宮地之霊を祀ったのが起源といい、神功皇后のとき、行宮付近に鎮座したという。でもなぜ、この神が祀られたのか。山根徳太郎は『難波の宮』で、応神天皇の「大隅の宮」は、現在の行宮辺りとし、仁徳天皇の「高津宮」も、大隅宮からわずか一・五キロの法円坂にあったと推測している。ヤマト王権の重要拠点であった難波津にも近い。いわば、王権の聖地ともいえるところだ。宮地を鎮め、宮都の弥《いや》栄《さか》を願い、そこに地鎮の神（坐摩神）を祀り、依《よ》り代《しろ》としての鎮座石だったのではと、想いがめぐる。

　さて、行宮は小さな祠となり、ビジネス街の只中、ちょこんとビルの谷間に佇んでいる。しかし肝心の石は、祠の前、アルミ柵で囲われて拝することができない。享保年間に編纂された『摂津志』には「方五丈許」とあり、かつては、この石の上に社殿が営まれていたという。隙間から覗くと、石らしきものが見えるのだが、全体はわからない。が、どうもバラバラに割れているらしい。皇后ゆかりの「聖石」ながら、なぜか。安産の神でもあるので、「お守り」にするために割られたのではとも思ったが、神社に聞いたところ、意外にも「経年劣化です」という答えが返ってきた。長年の風雨により劣化が進み、ひび割れ、剥離したらし

坐摩神社行宮　大和王権の聖地のようなところ、ビルの谷間に行宮として縁を留める。

い。これ以上、割れるのを防ぐため、覆屋を設け、柵で囲ったというのだ。

そうか、「磐座」も劣化するのか……と、少し戸惑った。当たり前といえば、当たり前だが、磐座は単なる岩石ではない、堅固で永遠な存在という想いがあったからだ。自然崇拝の根源を成すような磐座。その磐座さえ、「大自然」の営みには逆らえない。形あるものはいつか必ず、大地に還る。そう鎮座石が語りかけてくるようだ。今回は、いわば「幻の磐座」となった。

割れた磐座　方五丈許という大きな石だったが、割れたまま大切に保護されている。

44 長明方丈石（ちょうめいほうじょうせき）

長明方丈石　京都府京都市伏見区日野南山

　できもしないくせに、ただ漠然と憧れている言葉がある。「隠遁《いんとん》」だ。「俗世間を捨てて、ひっそりと隠れ暮らす」という意だが、しがらみから離れて自由になりたいと想うだけ。ないものねだりのようなものだが、そんな生き方をした人物がいる。『方丈記』の作者である鴨長明だ。長明にちなむ「方丈石《ほうじょうせき》」を案内したい。

　ところは、京都市伏見区日野。親鸞誕生の地とされる法界寺《ほうかいじ》近くの山中に、長明が隠遁したと伝わる草庵跡がのこっている。鎌倉初期のことだが、なぜか、その場所が今に伝わっているのだ。そのわけは、草庵が「方丈石」と呼ばれる巨石の上にあったためらしい。二百年ほど前の『都名所図会』に、「長明方丈石は日野村の東五町ばかり、外山の山復にあり。石床三間四面、高さ二丈許《ばかり》。一説に名を千引石《ちびきのいし》といふ」とある。上部の広さは約五・五メートル四方というから、方丈（四畳半ほど）の広さは確保できたのだろう。石の高さは五～六メートル、千引石と表現されているので、かなり大きい石と思われていたようだ。

　この上に草庵を結び、「念仏もの憂く、読経まめならぬ時は、自ら休み、自ら怠る。妨ぐる人もなく、また、恥づべき人もなし」という、世の煩わしさから逃れ、悦楽ともいえる孤独に浸るのだ。しかし、ここの生活がいかに過酷なものであったか、石の上に立ってそう想う。「しずかなるを望みとし」と強がりも言っているが、新月のころなど、フクロウや猿の声を聞きながら、漆黒の中になにを見ていたのか。月を眺めては故人をしのび、寂しさに耐え、窮乏し、自問しつつ終焉を迎えようとしている「ありさま」は心を打つ。とはいえ、命が尽きるまで食べなければならない。山菜を採り、木の実や落穂などを拾っていたようだが、近くに鎮守の萱尾《かやお》神社もあり、里人との接点はあったと思われる。おそらく、托鉢のようなことをしながら身過ぎをしていたのだろう。世を捨てたつもりが、世の人に助けられるという日々ではなかったか。

　草庵の跡には、「長明方丈石」と刻まれた石標と略歴を記した石碑が立っている。沢に沿う山道は荒れているが、それ

方丈石への山道　小さな沢に沿って延びる杣道。かつては獣道のような道無き道だったと思われる。

長明方丈石　山の斜面にうずくまるような巨岩。この岩の上に方丈の広さを確保し、草庵を営んだという。

がかえって当時の面影をしのばせる。訪ねたとき、成年の男女三人が、まるで謡曲のように抑揚をつけながら『方丈記』を朗読していた。巨石ゆえに、千引石と呼ばれてはいるが、いわゆる信仰の対象ではなかった。しかし、『方丈記』の愛読者にとって、ここはもはや「長明信仰」ともいえる聖地そのものに思える。

長明はここで、春は藤波を見、夏は郭公《ほととぎす》を聞き、秋は日ぐらしの声、耳に満てり。冬は雪をあはれぶ……という最晩年の日々を生きた。享年六十二。終焉のさまは不明だという。

方丈石の碑　草庵跡に立つ石碑。今は、『方丈記』愛読者の聖地のようなところだ。

45 藤戸石

醍醐寺三宝院　京都府京都市伏見区醍醐東大路町二二

源平合戦のさなか、源氏が瀬戸内海の藤戸《ふじと》海峡の対岸、備前児島の藤戸に陣を張る平氏を攻めたとき、地元の漁師から「浮州岩《うきすいわ》」近くに浅瀬があることを聞いた佐々木盛綱が先陣をきり、平氏を破るという手柄を挙げる。このとき盛綱は情報が漏れることを恐れ、非道にも漁師を殺してしまう。にもかかわらず、この浮州岩は、一番乗りを果たした「藤戸石」として名を馳せる。のちに京都に運ばれ、権力者に珍重されるが、殺害現場にあった「悲劇の石」が、皮肉にも勝利を呼ぶ石として尊ばれたという話でもある。

　しかし、だれがこの石を京都まで運ばせたのか。調べた限りでは、足利義満と義政の名が浮かんでくる。どちらも作庭に執念を燃やした権力者なので判断が難しい。手掛かりと思われることは、幼少の義満を支え、幕政を主導していた管領の細川頼之《よりゆき》が、備前児島の対岸である讃岐の宇多津《うたつ》を本拠地とし、備前の守護を兼ねた時期があったということだ。義満が北山殿（金閣寺）を造営したときには、頼之の跡を継いだ頼元が「細川石」と呼ばれる奇石を寄進している。どうもこの辺りに「答え」があるように思えるのだが、ご存知の方がいれば教えていただきたい。

　どちらにしても、将軍が取り寄せたという伝承から、「名石」としての遍歴が始まる。以後、この石は細川管領家に移り、織田信長、豊臣秀吉という「天下人」を渡り歩く。信長は足利義昭のために二条御所を築くが、そこに細川邸から藤戸石を運ばせている。最後の主は、豊臣秀吉。秀吉は信長亡きあと、この石を聚楽第《じゅらくだい》に移していたが、亡くなる半年ほど前、「醍醐の花見」を思いつき、三宝院の守護石として運びこませた。ここが、藤戸石の「安住の地」となった。

　大玄関から国宝の表書院に進むと、右手に手入れがされた庭が広がり、土橋の先に何だか偉そうな石が立っている。はるばる、藤戸から運ばれたといういわくつきの巨石だが、それだけではない特別な「意味」があったはずだ。前方を睨むように見すえ、なにか叫んでいるような風貌。肩を怒らせ、鎧武者を彷彿させる

三宝院　国宝・唐門　朝廷からの使者を迎えるときにだけ開いたという勅使門。菊と五七の桐が施されている。

ような佇まい。天下人は、この石に己の姿を重ね、あたかも自身の「依代」のような想いを抱いていたのではないだろうか。漁師の命を奪った石だが、勝利を導いた栄光とは比較にならない。そうでなければ、天下は取れぬ。とはいえ、穢れを帯びた石ゆえに、浄めの霊力への期待もあったろう。彫刻家であり、作庭家でもあった流政之《ながれまさゆき》の「作庭口伝」と題した詩に、「ひとりの王のための庭　人を殺す血のにほひを忘れんとつくりし……」という一節があるが、よく見ると天下人の「墓標」にも想えてくる。

藤戸石　古武士然とした佇まいとでもいうべきか。それにしても、この石のなにが天下人を魅了したのか。

表書院から望む庭園　豊臣秀吉自ら設計、指示したという庭園。この庭園が「見果てぬ夢」の最後となった。

46 上賀茂神社の神山

神山　京都府京都市北区上賀茂神山

久しい以前から登拝することを切望し、『磐座百選』の有力な候補と思いながら、断念したものに上賀茂《かみがも》（賀茂別雷）神社の神山《こうやま》がある。標高三〇一メートル。神体山であり、頂上に賀茂の神が降臨したという磐座（降臨石）があるのだが、禁足地で登ることができない、そう思い込んでいたからだ。神山の揺拝所《ようはいしょ》として成立したという上賀茂神社。競馬《くらべうま》がおこなわれる馬場から拝していたにも関わらず、ついに登ることはなかった。

ところが、である。上賀茂神社の旧社家・梅辻家三十八代当主の梅辻諄氏が、賀茂歴史勉強会文集『みたらしのうたかた』に「神山と三輪山」という一文を寄せ、「禁足地であって、誰も登ることはできないと思われていたのだが……現代では祭祀の場ではないので禁足地としての掟《おきて》はなくなった」と記していることを知った。さらに、自らの登山体験や降臨石の写真とともに、地図まで添付されている。賀茂縣主《あがたぬし》同族会の「賀茂縣主だより」にも、毎号のように降臨石の写真が掲載され、『山と高原地図　京都北山』には、茨谷《いばらだに》町からの登山ルートが記されている。なんとも迂闊《うかつ》なことだが、そのときの「忘れ物」をしたような虚脱感をわかってもらえるだろうか。今回は『磐座百選』の上梓以降に訪ねた、番外ともいえる探訪記となる。

神山へは、茨谷町の立命館大学柊野《ひらぎの》総合グラウンド口から頂上をめざした。ただ、登山道は見る影もないほど荒れていた。至るところに倒木が横たわり、道がほとんど消えている。ところどころに、目印のような赤いビニールテープがのこっているが、地図に載っている登山ルートはどこにいったのか、そう思えるほどの荒廃ぶりだ。それでも、藪のような斜面をかき分けながら、ひたすら上へ上へと登り、なんとか頂上にたどり着いたときは、正直ホッとし、安堵した。

荒れ果てた登山道　祭祀されなくなると、こうなるのか。登山道は荒れ果て、道がほとんど消えていた。

頂上の三角点から少し下った灌木の中に、ごつごつとした岩塊が、あたかも湧出したかのように顔を出している。年に二回ほど、同族会の人たちが「神山奉仕」として、周辺を掃き清めているためか、神域としての厳かさは保たれている。降臨石の周囲には大小の岩石が群れ、も

神山の降臨石　これが賀茂の神が降臨したという磐座か……と感無量だった。荒れた感じもするが、厳かな「気」が漂っていた。

上賀茂神社の馬場から拝する神山　木々の間から顔を覗かせる神山。ここで「競馬」がおこなわれる。

はや祭祀の対象ではないものの、いまだ神気が漂っているように想える。いわば「しるべ」のない道なき道を、喘ぎながら登ってきたためか、本来の禁足地とは、このようなところをいうのではないかと思った。人が意図的に立ち入りを禁じるのではなく、自然の営みそのものが、結果として人を寄せつけないという「神意」のようなものを感じたからだ。別に登りやすい道もあるというのだが、神を拝することの有難さを「畏《おそ》る畏《おそ》る」体感した登拝となった。

47 金閣寺の「九山八海石」

金閣寺　京都府京都市北区金閣寺町一

九山八海石。クセンハッカイセキと読む。どこにでもある代物ではない。宇宙の中心にそびえ立つという巨大な須弥山《しゅみせん》を囲む九つの山と八つの海を表現した石のことで、仏が住む浄土の意をあわせもつ。縁起がいい石として珍重されてきたが、権力者が富と力でもって手に入れたものがほとんどだ。金閣寺の九山八海石も例外ではない。「北山殿《きたやまどの》」とも呼ばれたが、今や京都を代表する観光寺で、京都に来る訪日観光客の半分が訪れるという。当然ながら、境内に入った途端、トコロテンのように人の流れに身をまかせながら押し出されていく羽目になる。

とはいえ、ここは人混みを避けて立ち止まり、九山八海石を探してほしい。観光客のほとんどはこの石の存在を知らず、金閣（舎利殿）のきらびやかさに目を奪われたまま通り過ぎる。が、金閣に近い入江のようなところから鏡湖池《きょうこち》を振り返ると、本州を模した葦原島《あしはらじま》と松の美しい鶴島と亀島が見えるはずだ。その手前、白い炎のような石がいかにもという表情で存在感を示している。足利義満が中国から取り寄せたという名石だ。古来より中国で好まれた太湖石だというが、岩肌が深い「しわ」を刻み、峰を成し、波打つようにくねっている。大海に浮かぶ深山といった景色だろうか。金閣寺庭園の「主石」といわれる由縁だ。

金閣の鳳凰　九山八海石がある鏡湖地を向いて立つ。王が住む宮殿を示唆しているともいわれるが、3代目の鳳凰だという。

鏡湖池　右上、松の美しい島が鶴島と亀島。鶴島の手前に九山八海石が見える。手前にある石は宝船を表現したという夜泊石。

義満は将軍職を長男の義持《よしもち》にゆずり、太政大臣に昇りつめるが、中国（明）の皇帝にたいしては日本国王と称しつつ、「臣源《しんみなもと》」という臣下の礼をとった。結

九山八海石　義満が中国から運ばせた名石。鶴島の手前にその存在感を示している。肉眼では見えづらく、望遠で撮影した。

果、明との貿易で莫大な富を得、北山殿と呼ばれる広大な庭園を手に入れたともいえるのだが、義満の危うい権力基盤を象徴しているようでどこか心もとない。

　義持は父義満を憎んでいたという。父が死ぬと北山殿は解体され、縮小して禅寺となる。応仁の乱では多くの伽藍が薪のように燃やされ、金閣と鏡湖池を含む庭の一部が往時の面影を保ったといわれる。さらに、足利義政《よしまさ》が「銀閣」を造営するときも多くの名石が運び出され、昭和の世、唯一創建当初の建物であった金閣までが放火され焼失することになる。

　以前、権力者が愛した「藤戸石」について触れたおり、まるで彼らの墓標のようだと書いたが、この九山八海石もまた、義満の墓のように見えてくる。古代インドの宇宙観に基づくという「貴石」とは裏腹に、その陰に見え隠れする数多くの悲劇とともに、権力者がもつ幻想のようなものが凝縮しているような気がする。

　池のなかに「天下」を模した葦原島をつくり、宇宙の中心を象徴する九山八海石を眺めていたと思われる義満。青白い炎のような石を見ていると、義満という強《つわ》者《もの》の夢と、観光客が落とす莫大な拝観料とが重なってくる。

48 重森三玲という「磐座」作庭家

松尾大社　京都府京都市西京区嵐山宮町三

上古《じょうこ》ではどこの神社も社殿はなく、山中の巨岩などが神霊の宿る聖地とされていました。その場所を磐座、或いは磐境と言います……。重森三玲《しげもりみれい》の絶作、松尾大社の「上古の庭」に立つ説明文の一節だ。上古とは、遠い昔とか古代という意になるが、上古の信仰空間である磐座を表現した庭として知られる。事実、重森はこの庭を「磐座・磐境《いわさか》の庭」と語っている。庭という文字が初めて文献に見えるのは、『日本書紀』の「斎庭《ゆにわ》」だが、高天原《たかまがはら》に存在するという「清浄なところ」を意味するという。神の庭とでもいうのだろうか。いわば、庭という言葉そのものが聖的な意を含んでいる。

　八ヶ岳の山中で庭をつくり始めたころ、各地の庭を見てまわったが、重森三玲という作庭家の力感溢れる大きさに付いていけなかった。生涯で作庭した数は、百九十四に及ぶというが、もとより訪ねたのはその一部でしかない。が、立石を主体とした石組のありさまは、個性が強過ぎて馴染めなかった。いい意味で灰汁《あく》が強いというべきか、ほとばしるような勢いに、つい腰が引けるのだ。と言いながら、怖いもの見たさとでもいうのか、なぜか気になり、足が向いた。

　出会いは、倉敷市の阿智神社に印《しる》された重森の足跡だった。境内の磐座や磐境を綿密に調査し、詳細な記録をのこしていたからだ。こうした祭祀跡を日本庭園の源流として注目し、数多くの例を紹介しているが、彼を「磐座」作庭家と理解したのは、岡山の生家跡にのこる処女作の写真だった。二十八歳の作品だが、巨大な立石を主体とした石組は、「吉備高島宮」の伝承地、児島湾に浮かぶ高島の磐座を彷彿させた。さらに、東福寺の「八相の庭」など、彼の視線の先には磐座がある、そう感じたのだ。生家跡から始まり、節目節目に磐座の世界を表現し、松尾大社で締めくくったような作庭遍歴。これだけ、上古の世界を遊泳した作庭家をほかに知らない。

　さて上古の庭について。七十八歳の絶作ながら、上下と左右に神気がみなぎり、力がほとばしっているような石組。それぞれが別の方向を向きながら、なにか語

東福寺・八相の庭　重森が本格的に手がけた最初の庭。長大な横石と立ち並ぶ立石の斬新さが心を引きつける。

上古の庭　左上の二神石を中心として、ある石は松尾山の山頂に向かい、ある石は本殿へと向かう。

らっているようなざわめき。上古の世界ながらも現代的な造形美……。重森の磐座に対する想いが、まるで神霊が漂うように伝わってくる。彼はここを作庭したとき、「神としての石の命令を受けて、石の言葉ならぬささやきに神経をとがらせ、松尾大社の猛霊の意のままに石を扱った」と語っている。猛霊とは、松尾山の頂に坐す「神跡磐座」のことだと思うが、その霊に導かれたのだろうか、石組が完成してわずか三か月後、心不全のため還らぬ人となった。

松尾大社・神跡磐座　賀茂の厳神、松尾の猛霊と呼ばれた。松尾山の頂上に坐す巨大で猛しい磐座。

49 雨宮龍神社

雨宮龍神社　滋賀県東近江市五個荘石馬寺町八五七

織田信長が「磐座」を信仰していたのではないかと想い始めたころ、何度も安土城跡へ通い、安土山を歩いたことがある。どこかに、頂上に運び上げたという「蛇石《じゃいし》」が埋もれているのではと思ったからだ。まだ大手道が発掘中で、全貌を現す前のことだが、そのときは安土山に連なる観音寺山（四三三メートル）にも足をのばした。繖山《きぬがさやま》とも呼ばれ、てっぺんには巨大な磐座とともに、西国第三十二番の札所である観音正寺という古刹《こさつ》があった。山中の随所に崩れかけた石垣があり、山全体を城塞化したような佐々木・六角氏の城跡がのこっていた。

その観音寺山から北につらなる尾根沿いに、巨石を神体とする雨宮龍《あめみやりゅう》神社が鎮座する。かつては、八大竜王、降雨明神、雨の竜神などと呼ばれていたというが、雨乞いの神として信仰されてきた。

神社の参道は、五個荘《ごかしょう》の石馬寺口《いしばじぐち》から始まる。途中で石馬寺と六所神社に向かう分岐点があるが、その先に神社へとのびる参道が延々とつづいている。麓から、ゆうに千段はあるだろうか、段差の大きい石段をひたすら登ったことを思い出す。

雨宮龍神社参道　延々と伸びる石段。こうした参道を見るにつけ、地域の人たちの篤い信仰心を想う。

やがて、尾根沿いの平坦地に出ると、巨大な岩塊が出迎えてくれる。おそらくこの岩塊も信仰の対象だったと思うのだが、神社の神体石はこれではない。岩塊の先に鳥居があり、そこを登ると玉垣に囲まれた巨石が見えてくる。これが雨宮龍の神体石だ。磐座と神籬《ひもろぎ》が同居しているような空間だが、ここに龍の頭を想わせる巨石が顔を出している。

竜神信仰は、日本古来の水神（蛇）と古代中国の竜が習合して生まれたものだ

参道脇の巨石群　神体石と対をなしているような存在。この岩塊も信仰の対象だったと思われる。

雨宮龍神社の神体石　窮屈そうな感じで玉垣に囲まれている。閉じ込められているようでどうも気が重い。

眼下に安土山を望む　なぜ信長はこの観音寺山に城を築かなかったのか。なぜ丘のような安土山だったのか……。

が、雨をもたらす神として篤く信仰されてきた。柳田国男は「竜王と水の神」において、水の神という呼名の根源には、海神《わたつみ》を「海童」とか「小童」と書くように、妖怪ではない「河童」のような神格が存在したのではないか、と推測しているが定説はないようだ。ただ、妖怪以前の呼名として、龍宮小僧、水神少童、ミヅチ（水霊）などという表現もあり、興味がつきない。

　頂上からは、眼下に安土城跡を望むことができる。それにしても、なぜ支峰のような安土山に城を築いたのか。おそらくこのころの信長は、籠城という考えはなかったと思われる。天下は、ほぼ彼の掌中にあったからだ。やがて、葺石《ふきいし》を敷いた巨大古墳のように、全山を石で覆った総石垣の山につくり変え、頂《いただき》には神殿のような天主がそびえ立つ。が、皮肉なことにわずか三年後、本能寺において「天の主」に召されることになる。四十九歳だった。意図したことではないかもしれないが、この「石山」が、彼の依代《よりしろ》ともいえる奥津城《おくつき》となった。

50 太郎坊宮と天狗

太郎坊宮　滋賀県東近江市小脇町二二四七

　前項の観音寺山から南東に三キロほど、太郎坊山（三五〇メートル）という岩山がある。赤神山とも呼ばれるが、その中腹に「夫婦岩」という巨大な岩塊があり、太郎坊宮（阿賀神社）が鎮座する。ここに天狗の太郎坊が棲むというのだが、天狗とはそもそも何ものか。『広辞苑』をみると「深山に棲息するという想像上の怪物。人のかたちをし、顔赤く、鼻高く、翼があって神通力をもち、飛行自在で羽団扇をもつ」とある。加えれば、人をさらったり、悪さをすることもあるが、鬼のように殺したり、食べたりはしない。得体の知れない怖い存在ながら、ある部分好意的に受け止められ、禍《わざわい》をなすが、福を与えてくれる霊神としても信仰されてきた。

　いろいろ調べてみると、おおよそこんなことが書いてある。天狗は、木霊《こだま》のようなもので、不思議な物音が天狗とみられていた。大木が倒れるような「天狗倒しの音」、「天狗の高笑い」、「天狗囃し」などと呼ばれているもので、特徴的なことは、呵々《かか》大笑することだという。大きな笑い声が聞こえるのだが、姿は見えず、気遣いとして感じられる物の怪（物の気）と表現されている。深山の高い樹木の三又に居を定め、常に清浄を好み、剣術や兵法を学び、酒を好んで山中で宴会をおこなう。ときには、姿を隠して悪戯をすることもあるが、金品を略奪することもなく、逆に必要なものを与えることがあるという。とすると、京都の鞍馬山で源義経に兵法や剣術を教えたのもその類《たぐい》（鞍馬天狗）なのだろう。

　さて天狗が棲むという夫婦岩。高さ二〇メートルという岩塊が八〇センチほどの裂け目で相対し、男岩と女岩による陰陽を成している。裂け目の長さは六メートルほどか。初めてこの情景を見たとき

太郎坊山　秀麗な山容だと思う。古来より人びとは、こうした円錐形の山を神奈備山として崇めてきた。

太郎坊宮から望む蒲生野　大宮人が薬猟をおこなったという平野が広がる。

は、巨大な女陰を想い描いた。嘘をつく者が通ると挟まれてしまうという俗信があり、誰も身に覚えがあるようで、恐る恐る通る姿が印象深い。まるで閻魔大王に睨まれているようだが、胎内くぐりといったほうが近いかもしれない。人がようやく通れるほどの産道（参道）のようで、その先に社殿が鎮座する。いわば禊《みそぎ》であり、生まれ変わったような心地になる空間でもあったろう。社殿から眺める蒲生野《がもうの》は、万葉の昔、天智天皇と大海人皇子（天武）が支えあっていたころ、額田王《ぬかたのおおきみ》たちと薬草を摘む薬猟《やくりょう》をおこなったところとして知られる。

帰路、振り返ると、円錐形をした岩山が雲の影に入り、まるで映画のセットのような家並みが印象にのこった。人の営みと信仰の山が同居しているような光景、おそらく麓の人たちにとって、太郎坊天狗は恵みを与えてくれる「霊神」そのものだったにちがいない。

夫婦岩　人はなぜかこうした狭い空間を畏れ、敬う。閉所への怖れとともに母の胎内を連想させるからか。通り抜けると本殿が現れる。

51 織田信長と岩石崇拝

安土城跡　滋賀県近江八幡市下豊浦六三七一

今まで「磐座」に関する本を三冊上梓したが、そのすべてで織田信長をとりあげた。信長が岩石を崇拝し、自身の依代にしていたと思っているからだ。しかしながら、確証はない。史実として認められてもいない。でも、信長は磐座を信仰していた、そう想っている。

信長は「無神論者」といわれることが多い。事実、多くの身内や家臣を殺し、数多くの虐殺をおこなっている。比叡山の焼き討ち、伊勢長島の大虐殺など、枚挙にいとまがない。が、信長にとっては、天下統一のための手段であり、過程にすぎなかったと思われる。当然ながら、彼は、俗にいう神も仏も人間がつくったことを理解しており、極めて客観的に、覚めた眼で眺めていたと考える。

そうしたなかで、拠りどころとしたのが「石」だったと思われる。詳しいことに触れる余地はないが、いくつか事実を指摘したい。まず、初めて築いた小牧山城の中心部を総石垣づくりとし、大手門脇には「鏡石《かがみいし》」の先駆とされる巨石を置いた。岐阜城がある稲葉山は別名、ひとつの岩塊で成り立つ一石山《いっせきざん》。館の入口には人の背丈ほどもある巨石を立て並べ、高さ三五メートルの岩壁を背景とした庭園をつくる。安土山を総石垣造りの石の山につくり変え、一万人もの人数で頂上まで引き上げたという蛇石《じゃいし》の存在。自身の化身として城内の総見寺に安置し、礼拝させた盆山《ぼんさん》という石。さらに、盆山を拝すれば、富と子孫に恵まれ、八十歳まで長生きする……などとご利益を謳《うた》い、「予が誕生日を聖日とし、総見寺へ参詣することを命ずる」と布告する。ところが、その「聖日」から二十日後、「本能寺の変」で滅亡する。

稲葉山は岩塊でできた石山　別名「一石山」と呼ばれる。その名の通り、天守の周囲も岩だらけ。

こうしたことを、宣教師・ルイスフロイスは、（信長は）あたかも神的生命を有し、不滅の主であるかのように万人から礼拝されることを希望したが、悪魔的傲慢さによって破滅に至った……と『フロイス日本史』に記している。

想うに、信長は自然神とでもいうべき不変な石に自身の依代を託そうとしたのではないか。天皇を超越した存在、アマテラス（天照大御神）以前の神を必要としたのだろう。それが蛇石であり、盆山だったと思われる。安土山に神殿のような天主をつくり、神体石を祀り、神のよ

稲葉山山頂の岐阜城　天守の最上階からは、濃尾平野が一望できる。「天下布武」はここで練ったのだろうか。

うにご利益をほどこす……そうした存在になろうとしたと思えてならない。独りよがりながら、無邪気とも思えるほどの「信仰心」だと想う。

さらにいえば、安土城跡に造営された信長の廟所。秀吉が信長の一周忌にあわせて築いたとされるが、切石でできた基壇に、石の壇を重ね、その上に沢庵石を大きくしたような自然石を冠している。盆山を模したものだろうか。簡素だが、信長の風貌を彷彿させるような造形。秀吉だからこそ、主君の「本質」を見抜いていたと思える佇まいだ。おそらくこの地下に蛇石と盆山が「埋葬」されていると思うのだが、どうだろうか。

安土城跡の信長廟　「盆山」を想わせる自然石が、墓の上に置かれている。

52 伊勢神宮・巌社

伊勢神宮内宮・巌社　三重県伊勢市宇治館町

二十年に一度、アマテラス（天照大御神）の住まいを建て替え、引っ越すという神宮の「式年遷宮《しきねんせんぐう》」は、山口祭《やまぐちさい》から始まる。山口祭は、遷宮の開始を告げる合図であり、用材を伐りだす御杣山《みそまやま》の山口に坐《いま》す神に、木を伐る許しを願い、遷宮の安全を祈る儀式のことだ。直近の遷宮は、平成二十五年（二〇一三）だったが、その号砲ともいえる山口祭は平成十七年五月二日におこなわれている。以後、八年間にわたり神事がつづくことになる。

平安中期の歌人、藤原道綱母が著した『蜻蛉日記』に、「いちじるき山口ならばここながら神のけしきを見せよとぞ思ふ」という歌がある。稲荷大社の下社に参詣したときのもので、霊験あらたかな山の入口ならば、ここでその験《しるし》を示し、願いをかなえてほしい……という意になる。山口には、山の神霊が坐すというのだ。祭りでは、神饌《しんせん》が供えられ、祝詞《のりと》とともに鍬や鎌などで草木を刈る所作「刈り初めの儀」がおこなわれる。山に入る許しを乞うのだ。

おかげ横丁の赤福本店脇の新橋を渡り、神宮司庁へ向かうと、旧街道の分かれ道に樹木が生い茂った小山がある。岩井田山と呼ばれるが、ここに巌社《いわおのやしろ》という巨大な岩塊が横たわり、かつ、そびえている。巌を回り込むように斜面を登ると平坦地があり、巌の頭が顔を出している。この前で山口祭がおこなわれる。

矢野憲一氏の『伊勢神宮』によると、鎌倉期、古来からの土豪である磯部氏が、巌を神体とする「山神岩社」で氏神祭りをしていたという。矢野氏は、巌社が内宮以前の聖地だったと推測しているが、私も同じ想いを抱いている。そのわけは、磯部氏という在地豪族の存在と、御杣山（神路山）の山口という場所にある。巌の裾から古墳時代の祭祀遺物が出土していることも内宮以前の祭祀を想わせる。さらに、内宮にはこれだけ巨大で、神秘的な巌は見当たらない。しかも、御杣山は中世以降、用材を求めて各地に移ったが、この祭場だけは古来より変わっていない。というより、変えられなかったというべきか。山口祭とは、遷宮の始まりながら、いわばアマテラス以前の原点回帰ともいえる名残かもしれない。

山口祭がおこなわれる巌社　式年遷宮はここから始まる。岩井田山と呼ばれ、「お岩さん」と親しまれてきた。

郵便はがき

誠に恐縮ですが切手を貼ってお出しください。

185-0034

東京都国分寺市光町1丁目40−7−106

㈱出窓社編集部　行

フリガナ		生年 年	
氏　名		男・女	歳
住　所	□□□-□□□□ 都道府県 区市郡		
職業または学年		電話	
購入書店名（所在地）		購入日	月　日

出窓社　愛読者カード

書　名

◎本書についてのご感想、ご希望など

◎本書を何でお知りになりましたか

1. 書店店頭でみて　　2. 広告を見て（　　　　　　　　）
3. 新聞・雑誌の紹介記事を読んで　新聞又は雑誌名（　　　　　　　　）
4. 先生・知人にすすめられて
5. その他（　　　　　　　　）

◎このハガキで小社の本の購入申込みができます。
小社の本が書店でお求めにくい場合にご利用ください。
直接送本いたします。代金(本体価格＋税＋送料)は書籍到着時に郵便振替でご送金ください。送料は何冊でも300円です。

購入申込書　＊eメールでもお受けします。dmd@demadosha.co.jp

書　名	本体価格	冊

今、式年遷宮などの影響で、伊勢神宮ブームだという。最近、久しぶりに訪ねたが、巌社の辺りは訪ねる人もなく、久しく手入れされた様子もなかった。祭場となる広場には落ち葉が積もり、倒木や伐採された木々が放置されていた。麓から見上げると巨大な男根にも見え、頂上から見ると、丸みを帯びた姿が女性を想わせる。生命の根源である陰と陽が同居しているような「磐座」だと思った。ここには、ブームとは縁のない静謐《せいひつ》な神気が漂っている。

巌社　この巨岩はいつの時代にも大切にされ、明治初年までは祠もあったという。

53 立神浦の「立神」

立神浦の「立神」　三重県志摩市阿児町立神二三二七

取材で奄美を訪ねたとき、名瀬《なぜ》に在住する友人に、島をほぼ隈なく案内してもらった。そのおり、名瀬湾を見下ろす場所を通ることがあり、「あれが名瀬の立《たち》神《がみ》です」と教えてもらった。湾の入口付近、円錐形をした岩島で、頂には灯台があり、名瀬港のシンボルのような存在になっている。湾を守護するかのような凛々しい姿は、まさに「立神」と呼ばれるにふさわしい。古来、灯台はなく、立神そのものが灯台の役割を果たし、神の島として崇められていたと思われる。

奄美には、海岸近くに立神と呼ばれる岩が数多くあり、海の彼方のニライカナイからやって来る神が最初に立ち寄るところだと伝わる。読み方は微妙に違うようで、タチカミ・タツカミ・タテガミなどと呼ばれている。民俗学者の野本寛一氏は『神々の風景』で、立神はその形状から立脚・直立の「立」の意を含むことはたしかではあるが、神顕現の「顕《た》ち神」の意もあり、その重層性にこそ、景観にふさわしい重みがある……と記している。なるほど、である。

今回は、奄美ではなく、英虞《あご》湾の中央部に位置する入り江のひとつ、志摩市阿《あ》児《ご》町立神《たてがみ》浦の立石《たていし》神社を紹介したい。浦とあるように、入り江の最奥ともいえる波打ち際に鎮座する。入り江に突き出た拝所に三つの鳥居が並び、海中に立つ鳥居の先に、大小二つの岩が顔を出している。これが「夫婦岩《めおといわ》」とも呼ばれる立神で、神社の祭神とされている。帽子のようなしめ縄をした岩は、高さ約二メートル、小さい方は六〇センチほどだという。かたわらには、夏至の頃におこなわれた「浅間祭」の竹幣《ちくへい》が立っている。でも、なぜ志摩の地で浅間祭がおこなわれるのかと思っていたら、中西進氏の『日本人の忘れもの』に、「伊勢から富士山が見えることは、知る人ぞ知る神秘の光景」とあった。念のため、伊勢神宮近くで生まれ育った友人に聞いたところ、二見ヶ浦からも見えるという。そうか、この辺りからも富士山が見えるのか、そう得心した。その証とでもいうのか、神社の裏山は浅間山と呼ばれている。

この立神は、ハラエドノカミ（祓所神）とも呼ばれる。ハラエドとは、祓《はらえ》

夫婦岩とも呼ばれる　あまりにも大きさが不釣り合いだと思うが、二つ並んでいれば「夫婦」と呼ばれる例は多い。

をおこなう場所のことで、もともと、大きい立石が信仰の対象だったと思われる。石の下から清水が涌き出ていたという伝承もあり、「清めの神」と呼ばれるように、禊の場でもあったようだ。満潮にはひたひたと潮が寄せ、石の上部が浮き出るように見えることも、信仰を集める要素であったと思われる。そもそも海辺の立神は、寄り来る神の依代となる場合が多い。竹幣をはさんで相対する立神と鳥居の写真を見てほしい。まるで立石に依りついた神が、鳥居に向かい、「開門、これから上陸するぞ……」と告げているようではないか。

立神　男岩にだけ、帽子のようなしめ縄を載せているのは潮の満ち引きに関係するのか。まるで翁のようだ。

鳥居に相対する立神　神域への入口。鳥居と立神の構図が見事にきまっている。鳥居が立神を迎えているようだ。

54 わが家の「タノカンサア」

「タノカンサア」　山梨県北杜市大泉町

わが家の庭の一画に、頬っぺたをふくらませ、にこにこと笑いながら、首を傾げるようにちょこんと立っている神さんがいる。握り飯のような顔をしているが、タノカンサア（田の神さあ）を模したと思われる石の像だ。後ろにまわると、男のシンボルを想わせる愛嬌者で、思わず手を合わせたくなる。

九州の産だと聞いたが、それ以上のことはわからない。たまたま「縁」があって、はるばる八ヶ岳の山中に来てもらったが、環境の変化に驚いていることだろう。名の通り、田んぼのあぜ道などに祀られた石の像で、田んぼを守り、豊作を願う神として信仰されている。

調べてみると、かつての薩摩藩（南九州）を中心とした事例が数多く紹介されており、さらに大護八郎《だいごはちろう》の『石神信仰』に詳しい報告がまとめられている。それによると、比較的新しい神さんで、江戸中期に薩摩藩領で発生したものらしい。大護は「近世に入って諸々の石神が全国的に造立されるようになったにもかかわらず、その姿を本州に見ることはほとんどない」とし、「旧島津藩領に数多くの丸彫りを主とした田の神像があることは、石神信仰の上から極めて注目すべきこと」と記している。さまざまな形があるようで、おおむね僧侶型、神主型、農民型にわけられるという。わが家のタノカンサアは、托鉢をしている僧侶を想わせ、苔むしてはいるが、古いものではなさそうだ。小ぶりで、簡素なつくりなので、個人が所有していたものだろうか。

長袴をはき、藁でできた甑簀《しき》をかぶり、首に頭陀袋《ずだぶくろ》をかけ、右手にシャモジのようなもの、左手に飯椀を持っている。後ろ姿は、なるほどたくましい男のシンボルそのものだ。簡略化されているが、それなりに特徴をとらえている。小野重朗の『田の神サア百体』をみると、その数、千五百体以上といい、白く化粧したもの、赤い着物を着たもの、ベンガラで顔を着色したもの、さまざまな事例が紹介されている。が、石像がつくられる以前は、自然の石やひと抱えほどの丸石を置いて祀っていたという。なかには、自然石に顔を描いたものもある。

やはりそうか、と思う。私たちの祖先が、竪穴式住居に石棒（男根）を立てたように、丸石を道祖神にみたてたように、田んぼのあぜ道に自然石を立て、稲の生育を託し、豊作を願ったのだろう。それが僧侶や神主などを模した石像に変わり、やがて農民の姿に変化したと思われる。さらに興味深いことは、タノカンサアは、神ではあるが神ではない、きわめて人間くさい神といわれていることだ。我が家の「タノカンサア」を見てほしい。なんとも穏やかで微笑ましく、思わず頬ずりしたくなるではないか。土の臭いと体臭を感じる庶民の神がここにいる。

背後から見たタノカンサア　豊穣の神は男のシンボルにも例えられるが、素朴でおおらかさを併せ持つ。

タノカンサア　豊作だったのか。にこにこと目を細め、嬉しそうに笑っている。円満な福相の顔だ。

石組の前で　苔むし寂びてきた石組を背にして立つ。山の神と田の神が同居しているような光景。

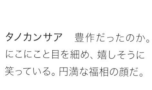

Ⅳ 中部

白濱神社・大明神岩（静岡県）

⑤ 石仏山（石川県）
⑥ 白石神社（福井県）
55 熱田神宮（愛知県）
56 岩崎山（愛知県）
57 那閉神社（静岡県）
58 河内の大石（静岡県）
58 大矢谷の大石（福井県）
59 岩屋岩陰遺跡（岐阜県）
60 イザナミの「腰掛石」（岐阜県）
61 戸隠神社奥社（長野県）
62 北沢の大石棒（長野県）
63 大岩大権現（福井県）
64 飯部磐座神社（福井県）
65 伊須流岐比古神社（石川県）
66 高瀬宮（石川県）
67 義経岩（富山県）
68 玉殿窟（富山県）
69 小滝川ヒスイ狭（新潟県）
70 弁天岩（新潟県）

55 熱田神宮と楊貴妃

熱田神宮　愛知県名古屋市熱田区神宮一－一－一

熱田《あつた》神宮に「楊貴妃《ようきひ》の墓」があったことをご存知だろうか。「そんな馬鹿な」と思われるだろうが、まことしやかに楊貴妃に関する伝説が語り継がれているのだ。話は唐の玄宗皇帝の時代にさかのぼる。玄宗が日本を侵略する機会をうかがっていることを知り、日本の神々が一堂に会し対策を練る。結果、熱田大神が絶世の美女（楊貴妃）に変身して、その美貌で玄宗をたぶらかすという作戦を立て、見事成功する。その後、安禄山《あんろくさん》の乱で殺され、葬られると、楊貴妃はもとの熱田大神に戻り、墓から抜け出して熱田に帰ってきたというのだ。

　単純な思い込みだが、熱田神宮の始原も、岩石崇拝が基層にあるのではないかと調べたことがある。神宮が鎮座する「熱田の森」は、古くは伊勢湾に突き出た岬の南端に位置し、縄文や弥生の遺跡が多く、尾張氏に関係があるという古墳が点在していたからだ。熱田湊《みなと》と呼ばれ、東海道唯一の海路・「七里の渡し」として栄えたように、その立地や景観とともに、信仰の始原となった依代（磐座）のようなものがあるはずだと……。が、見当たらない。あるとすれば、熱田大神とされる草薙《くさなぎ》の神剣だった。この神剣を祀ったところが尾張氏の聖地であり、今の神宮だというのだ。境内にもかつて古墳があったという。とすると、一族の祖霊が籠《こも》る熱田の森そのものが信仰の主体であり、奥津城《おくつき》でもあったのだろう。若狭地方に「ニソの杜《もり》」という先祖が眠る森があり、大切に祀られているが、同じようなものかもしれない。

　さて楊貴妃のことだが、これも熱田の森に関係がありそうだ。謡曲の「楊貴妃」に、玄宗は楊貴妃を忘れられず、方《ほう》士《し》に命じて魂魄《こんぱく》の行方を探させたところ、蓬莱宮《ほうらいきゅう》で仙女に戻っていることを突き止め、形見の品を持ち帰る、という話が出てくる。この蓬莱宮が熱田の森とされている。湾の奥深く、常緑樹に覆われた仙境のような岬が、蓬莱島のように映ったのだろう。さらに夢想は膨らみ、鎌倉期の『渓嵐拾葉《けいらんしゅうよう》集』に「蓬莱宮は、熱田明神である。社の壇の後ろに五輪の塔《とう》婆《ば》がある。この塔婆が楊貴妃の墓であ

七里の渡し　熱田の宮と桑名を結ぶ東海道唯一の海路として賑わった船着き場。熱田台地の先端にあたるところ。

る」と記されるまでになる。

　そして今、なぜか塔婆の一部とされるものが境内の清水社にあり、水の中にその姿を映している。しかし、中国の歴史書である『旧唐書《くとうじょ》』には、「遂に仏室ニ縊死《いし》セシム。時に年三十八ナリ」とその最後が描かれている。縊死とは首をくくって死ぬことをいう。ここには仙女ではない生々しい楊貴妃の死にざまがある。荒唐無稽といえばそれまでだが、蓬莱島伝説とあわせ、いわば神宮のしたたかさをこの「石」が語っている。

清水社　最も奥まった「こころの小径」と呼ばれる路沿いにあり、清水のなかにちょこんと置かれている。

楊貴妃の墓石？　墓石の一部とされる表情豊かな石。伝説ながらも、水の中にその妖艶な姿を映している。

56 岩崎山の五枚岩

岩崎山　愛知県小牧市大字岩崎

　写真を見たとき。握りこぶしにも、五本の指が地中から突き出ているようにも見えた。何かの形に似ていると想ったのだが、それがなんなのか、はっきりしなかった。が、現地を訪ね、石段下から見上げたとき、「そうか、これは五鈷杵《ごこしょ》ではないか」と合点がいった。熊野神社の「五枚岩」のことだ。

　ところは愛知県小牧市の岩崎山。「花崗岩でできた山丘面から局部的にさらに高く突出し、五枚に分かれたもの」とあり、高さは約五メートル、奥行は約一〇メートルと説明されている。突出した岩塊が風化浸食され、分離したのだという。まさに、奇岩といっていい。

　五鈷杵とは、密教で用いられる仏具のことで、煩悩を打ち砕く法具として重要視された。両端が鋭い爪のように五つに分かれているため、五鈷杵と呼ばれている。弘法大師空海が唐から請来《しょうらい》したものが知られているが、祈祷のときは必ず手にし、生涯大切にしていたという。

　五枚岩の真ん中辺り、割れ目の奥に役行者《えんのぎょうじゃ》の石像が据えられている。海抜五四・八メートルの低山だが、花崗岩の塊のような岩山で、修験者の行場であったことが記録にのこる。岩のかたわらには「愛知県指定天然記念物」と刻まれた石碑が立ち、碑の裏側に「古来弘法大師修法の護摩岩と称し……古代には磐境として信仰の対象となった遺石」という旨が刻まれている。

　弘法大師が修行したかどうかは別にして、五枚岩そのものが信仰の対象であったことは、その形状を見ても理解できる。自然がつくりあげた造形ながら、その異様さと不思議な存在感に圧倒される。山中で対面した人たちは、今にも、むくむくと動き出しそうな気配に後ずさりをしたのではないかと思うほどだ。太古の昔、岩崎山は熱田海に浮かぶ島だったという。岩崎という名の由来は、岩の先端が突き出ていることに由来するというが、まさに五枚岩の形状そのものだ。低山ながらも巨石累々とした山容と奇岩、平野に浮かぶ「霊山」がここにある。

　しかし、岩山という存在ゆえに、採石場として、また山城として利用された。

舞殿と五枚岩　五枚岩の左にある建物は、熊野神社の舞殿。舞殿からは、西の方角に小牧山が見える。

岩崎山の五枚岩　弘法大師が護摩修法をしたと伝わるが、五本の指と表現したほうがぴったりの奇岩。

役行者　低山ながら修験道の行場だったという。割れ目の奥に役行者の石像。

「小牧・長久手の戦い」の折には、秀吉軍の砦が築かれ、家康が陣取る小牧山への最前線基地となった。岩崎山から見れば、小牧山との距離は二キロほど、まさに指呼《しこ》の間といっていい。圧倒的な兵力差がありながら、ついに秀吉は勝てなかった。講和にもちこみ面目は保ったものの、家康を「温存」してしまった。家康はこの戦いで。その存在を十二分に示し、徳川政権樹立へ向けて大きな一手を打つことになる。結果論ながら、この戦が、豊臣と徳川の分岐点となった。秀吉がこの岩崎山で、あと一押し家康を潰していればと思うが、「後の祭り」である。

57 浜当目の「神の岩」

那閉神社　静岡県焼津市浜当目三－一二－一三

海沿いのムラで発生した信仰にヨリガミ（寄り神）というものがある。いわゆる、海の彼方から寄り来るという漂着神のことだが、焼津市の浜当目《はまとうめ》に、その伝承がのこる岩礁がある。カンノイワ（神の岩）と呼ばれているが、海岸から二〇〇メートルほど沖合に、大小三つの岩が顔を出している。異郷から訪れるためか、蝦夷《えみし》や夷《えびす》の語に由来するといわれ、俗にエビス信仰ともいわれる。鯨やイルカなどの迷いこみや漂流死体など、海岸にながれついた「贈り物」を称してエビスと呼ぶ例が多い。「鯨寄れば七浦潤す」などといわれ、漁村の飢えを救う神としても信仰されてきた。

　私の故郷である愛媛県の宇和海沿岸にも、飢饉のときに村の窮地を救ったという「鯨塚」が数多くのこされており、戒名がつけられたものや、「吊《とむらう》 大魚之霊」といった石碑が現存する。

　じつは、浜当目という地名そのものがヨリガミと密接に関係する。現地は、静岡市石部からつづく断崖・大崩《おおくずれ》海岸の南端にあたり、虚空蔵山《こくぞうさん》（一二六メートル）という岩山が駿河湾に突き出ている。海辺の神奈備《かんなび》というべき秀麗な山で、遠目にもよく目立つ山、当目山（遠目山）とも呼ばれている。沖合で漁をする漁師たちの「山当て」であり、寄港の目印であり、神が依り坐す神体山でもあったと思われる。南麓には式内社である那閉《なへ》神社が鎮座し、海側の絶壁には、「御座穴」と呼ばれる三つの海蝕洞窟が口を開けている。その南の沖合に神の岩がほぼ等間隔で並んでいる。由緒によると、祭神であるコトシロヌシ（事代主命）は、当初、神の岩に依りつき祀られていたが、大浪により岩が崩壊したため、御座穴に籠り、やがて当目山に遷座《せんざ》したと伝わる。コトシロヌシはエビスと同神とされるが、ここ浜当目でも、鯨やイルカなどが打ち寄せられ、村の窮地を救ったことがあったのかもしれない。

　神が寄り来る……という伝承を秘めた海岸だが、神の岩近くには波消しブロックがびっしりと敷き並べられている。どう見ても神域の景観を壊しているとしか思えないのだが、もう少し知恵と工夫はなかったのか。東端の堤防に立つと、右

那閉神社と虚空蔵山　海の彼方から、山を目当てに神が依りついたという。海の神奈備山の麓に鎮座する。

浜当目の「神の岩」　波消しブロックに遮られ、依りつく神霊までも消されているような気がしてくる。

御座穴　虚空蔵山の断崖下に口を開ける海蝕洞窟。依りついた神が、神の岩から遷座したとされる。

に神の岩、左に御座穴を望むことができる。訪ねたとき、神の岩には海鵜が群がり、御座穴には波が打ち寄せていた。漂着神が依りついたという岩礁、神が籠ったという洞窟、最後に落ち着いたという岩山、これほど明瞭な形で神の足跡がのこされている例は珍しい。が、海からの来臨を阻むかのような波消しブロック、こうした「神蹟」もやがて忘れ去られていくのだろう。時の流れと、人の営みの危うさを実感する参拝となった

58

二つの大石

河内の大石　静岡県静岡市清水区河内字宝ノ窪／大矢谷の大石　福井県勝山市平泉寺町大矢谷

よく、巨石とか巨大な岩塊という言葉を使うことがあるが、今まで訪ねたなかで特に印象にのこっている二つの「巨石」を紹介したい。ただ、地中に埋まっているものや岩山のようなものではなく、その全容が確認できるものに絞ってみた。どちらも、地震や火山の噴火などによって山が大規模に崩壊し、「岩屑《がんせつ》なだれ」という現象によって斜面を転がり落ちてきたものだが、その巨大さゆえに信仰の対象にもなっている。

ひとつは、静岡市清水区の河内《こうち》という山あいにあり、「河内の大石」と呼ばれ、安産石として信仰されている。高さ一九メートル、周囲は六〇メートルだという。この巨石を前にしたとき、なぜこれほど大きな石を安産石と呼ぶのかと思った。胎内で育ち過ぎた胎児のようで、さぞかし難産だったのではないかと想ったからだ。二・五キロほど離れた真富士山《まふじやま》の中腹から安政元年（一八五五）の地震で転げ落ち、さらに、土石流で移動してきたという。が、それがなぜ安産なのか。産道のような川筋を転げ落ちるように現れたから……というのだが、理屈ではないのだ。災害のあと、今までなかったものが忽然と現れる。しかも、かつて見たことがない巨大な石だ。真富士山が産み落としたと想っても不思議ではない。まさに「石が産まれた」と映ったのだ。

もうひとつは、「大矢谷の巨大岩塊」と呼ばれるもので、福井県勝山市平泉寺町の大矢谷白山神社に存在する。こちらは高さ二五メートル、横幅約四〇メートルというから、周囲はゆうに一〇〇メートルを超える。あまりの大きさに全容が写らず、苦労したことを思い出す。転がり落ちた歴史も古い。約二～三万年前、五キロほど離れた保月山《ほづきやま》の頂上付近から流れ落ちてきたという。神社の神体となっているが、岩壁かと見紛うような巨大さで迫ってくる。白山を開山した泰澄も寝泊まりしたと伝わるが、岩塊下の岩窟からは、縄文期の石器や平安期の須恵器などが見つかっており、住まいとして、また祭祀対象として崇められていたことを示している。

著名な江戸時代の国学者、本居宣長《もとおりのりなが》は『古事記傳』のなかで、カミ（神）のことを、「尋常《よのつね》ならず、すぐれたる徳《こと》ありて、可畏《かしこ》き物を迦微《かみ》とは云なり」と表現し、アイヌの人たちは「人間が素手で立ち向かえない相手」を神として崇めていたという。

山からゴロゴロと転がり落ちてきた自然災害ながら、尋常ならざる巨大さへの驚きと畏れが二つの大石に投影されている。とともに、これだけ大きい石が転がるのか、という不思議さも併せもつ。素朴で単純なことながら、「おそれいりました」とひれ伏したくなるような「大石」の話だ。

河内の大石　大石の大きさと家屋とを見比べてほしい。いかに大きいかということが実感できるだろう。

大矢谷の巨大岩塊　河内の大石より一回り大きい。大きいとか、巨大という言葉の意味が解らなくなる。

59 岩屋岩陰遺跡

岩屋岩陰遺跡　岐阜県下呂市金山町岩瀬

縄文の昔から、季節を告げる「天文台」として、太陽や星の動きを観測していたところではないかと注目されている巨石群が、岐阜県下呂《げろ》市金山町の山中に存在する。妙見谷と呼ばれる馬瀬川沿いの谷間のようなところで、山の南斜面に巨石が群がっている。「岩屋岩陰《いわやいわかげ》遺跡」とは、岩屋村の岩陰遺跡という意だが、当時十六戸あった村はダム建設のために移転し、今は無い。ここにいう岩陰とは、巨石下陰の空間をいうが、北極星信仰ともいえる妙見神社が祀られてきた。『金山町誌』をみると、平安末期、源義朝の長男・悪源太義平が、ここでヒヒを退治した時に創立されたとある。妙見とは、魔除けの神でもあるので、災いを防ぐためでもあったのだろう。

参道入口　鳥居の先に見え隠れする巨石の佇まいが、なにやら怪しい。

遺跡は、主に三つの石で構成され、地中からニュッと顔を出しているような巨石を中心にして、それぞれが南に大きく開き、摩訶不思議な空間をつくり出している。いわば真ん中の巨石が神体であり、左右の石が神門にも見えてくる。参道の入口付近から仰ぎ見ると、鳥居の先になにか得体の知れないものが顔を出しているように見えるが、この不思議な感覚が「ヒヒ退治」の伝説に繋がっているように思える。訪ねたのは五月下旬、鬱蒼とした木陰のなか、遺跡へとつづく石畳と石段が、まるで中米のマヤの神殿を想わせるような佇まいを見せていた。岩陰内の神域は、幅約一〇メートル、奥行約七メートルだという。ここから数多くの遺物が出土した。

参道の途中　鳥居をくぐると異空間。まるでマヤかインカの遺跡のようだ。

巨石は、天文観測のため人為的に配置されたという説があるが、教育委員会の「発掘調査報告書」によると「山からの崩落によるもの」とあるので、自然の営みが創り出したと考えるほうが自然だろう。としても、なんのために太陽や星の動きを観測していたのかという疑問につ

岩屋岩陰遺跡　主に三つの巨石を中心とした遺跡だが、周辺にも数多くの巨石が群れ、聖域を成している。

きあたる。縄文といえば、狩猟採集が思い浮かぶが、「植物採取、加工の道具は一切見られず、狩猟のキャンプ地として利用されていた」とあるので、狩りをするときの野営地だったようだ。興味深いのは、弥生時代になると「何らかの儀礼的な場にもなっていた」という発掘結果だ。農耕の始まりとともに、信仰の場に移っていったということか。妙見信仰とともに気になるところだ。

とはいえ、小林・徳田両氏の『金山巨石群の「縄文」太陽観測ガイド』をみると、じつに丁寧な調査結果が記録されており、この事実に疑問をはさむ余地はないように思われる。人工ではなく自然の造形だとすれば、これこそ天工の妙、神のなせる業としか想えない。としても、縄文人は何のためにこの岩石配置を利用したのか、という疑問はのこる。「冬至正月」ではないが、季節の節目を知るためか、木の実や山菜などの収穫時期を予測するためか、素朴な疑問だが、今後の研究を待ちたい。まさに森羅万象という言葉を想い抱かせる異界がここにある。

60 イザナミの「腰掛石」

イザナミの「腰掛石」　岐阜県中津川市阿木

各地に「腰掛石」と呼ばれるものが存在する。尊貴な方が腰を掛けたという石のことだが、「貴き人」が座ったということに特徴がある。神聖な石が由来になっているという説もあるが、さかのぼると、高天原でニニギノミコト（瓊瓊芸命）が座っていた天磐座《あまのいわくら》にいきつくように思える。天皇が即位するときの高御《たかみ》座《くら》の原形ともいわれ、磐座という言葉の原点といえるものだが、ニニギノミコトはこの磐座を離れて天降ってきた。とすると、最も古い腰掛石は天磐座ではないかと思っていた。ところが、さらに古い腰掛石があるという。

最高神とされるアマテラス（天照大御神）。ニニギノミコトの祖母にあたる存在だが、誕生には二つの伝承がある。知られているのは『古事記』の伝承で、イザナギ（伊邪那岐）が、亡くなったイザナミ（伊邪那美）を黄泉《よみ》の国に訪ね、その醜さに驚いて逃げ戻り、禊《みそぎ》をするが、左眼を洗ったときに生まれたとされている。比べて『日本書紀』の一書では、二神が日本国と山川草木を産んだあと、ここで天下を治める神を産もうと相談、誕生した神がアマテラスだという。禊ではなく、夫婦の営みによって産まれたということだが、素直に考えるとこちらのほうが理にかなっている。

その伝承にちなむ腰掛石があるという。ところは美濃と信濃の国境、恵那山《えなさん》（二二四〇メートル）の西麓、国道三六三号脇に血洗池《ちあらいいけ》という池跡が存在する。なんとも不気味な名の池だが、由緒にはこのようなことが書いてある。イザナミがアマテラスを産んだとき、胞衣《えな》を池で洗い山に納めた。イザナミは池の畔《ほとり》で石に腰を掛け、ほっと一息ついた。胞衣を納めた山は、エナサンと呼ばれるようになった……。池の跡は国道工事で整地され、腰掛石も移動したというが、池の畔で出産したという、なんとも牧歌的な「営み」が、日本国の母神たるおおらかさを感じさせる。生きとし生けるものの命はこの池から始まったということか。それにしても、なぜイザナミは恵那山で出産したのか、という疑問はのこる。

腰掛石は、クマザサが茂る湿原のようなところに苔むしていた。石の上には「血洗神社」と刻まれた石碑が置かれている。腰を掛けるには少し高いように思

馬籠宿から望む恵那山　美濃の最高峰。船を伏せたように見えることから舟伏山とも呼ばれている。

イザナミの「腰掛石」　腰掛石は数多く存在するが、イザナミにまでさかのぼるとは？　真ん中の石碑がある石が腰掛石。

うが、イザナミがここに腰掛け、アマテラスを産んだ満足感に浸りながら、産後の疲れを癒したのだろう。帰りがけに旧中山道の馬籠宿《まごめじゅく》に立ち寄った。馬籠宿から望む恵那山は、残雪を有し、春霞のなか眩しく輝いていた。眺めていると、ふと、天磐座はニニギの胞衣のようなものだったのではないかと想った。どっしりとした安定感のある山容、どの辺りに胞衣が埋まっているのだろうか。

血洗神社　しかも、胞衣を洗った血洗池や血洗神社まで存在する。誰が夢想したのか、想いは際限がない。

61 飛んできた「天岩戸」

戸隠神社奥社　長野県長野市戸隠三六九〇

アマテラス（天照大神）が天岩戸に籠ったとき、タヂカラノオ（手力男）が岩戸を開き、扉をひきちぎって投げると信濃まで飛んでいき、戸隠《とがくし》山になったという伝説がある。山のどこかに扉が隠されているから「戸隠」という名がついたというが、『記・紀』には扉をひきちぎって投げたという記述はない。調べると、平安初期から話が膨らみ、室町期になると、さらに誇張されていったという。

たとえば『平家物語』の伝本のひとつである「百二十句本」に、タヂカラノオが「岩戸をひき開き、扉をひきちぎって、虚空へ遠く投げられける程に、信濃国に落ち着きぬ。戸隠の明神是なり」というくだりがある。このあと、岩戸をひき破って現れたのでアマテラスのことを「千《ち》岩破《はやぶ》る神と申すなり」とつづいている。チハヤブルとは、神を導く枕詞で、荒々しいという意を含むが、アマテラスを千岩破神とするのは珍しい。千磐破、霊威振と表記されることもあるので、それほど畏れ多いということか。

戸隠神社は奥社・中社・宝光社の総称だが、戸隠山を神体とするのは奥社であり、発祥の地でもある。八方睨《はっぽうにらみ》という断崖の真下にあり、水源地ともなっている。本殿の近くに九頭竜《くずりゅう》社が鎮座しているが、本来の地主神はこの水神・九頭竜神だという。崖下の水源という立地が信仰の源であり、奥社とされる由縁でもあるのだろう。切り立った山の頂に「蟻の塔渡り」と呼ばれる刃物のような難所があるが、どうもこの辺りに「岩戸」が隠されているらしい。

奥社には、戸隠山を望むバス停から二キロほど歩かなければならない。少し下ったところに大鳥居があり、直線に伸びた参道が延々とつづいている。参道の真ん中辺り、奥社で最も古い随神門が見えてくる。ここから本殿へとつづく杉並木が、神域へといざなう回廊のようで、古木の間からさしこむ陽ざしが心地いい。やがてギザギザとした稜線が迫ってくる。この岩壁下の岩窟（宝窟）に本殿が鎮座する。岩壁の真下ということもあり、何度も雪崩に遭って崩壊したというが、現在はコンクリート造りとなり、その一部が岩窟内に収まっている。

帰り道、社務所の前に人の列ができていた。聞くと、「御朱印」をもらうためだという。そうか、ここにも御朱印ブー

隋神門　参道の中ほどにある隋神門。江戸中期、戸隠神社で最も古い建物だ。

戸隠山　ノコギリ刃のような稜線上に「蟻の塔渡り」という難所があり、そのほぼ真下に本殿が鎮座する。

戸隠神社と戸隠山　本殿は何度も雪崩で崩壊した。

ムが押し寄せているのかと思った。元来、朱印とは自身が書き写した写経を寺に納めた証（納経印）として戴《いただ》くものだった。やがて、時代の流れなのか、神社でも参拝の証として朱印を押すようになったという。が、あくまでも写経を寺に納めるという仏への祈りが根底にある。時代といえばそれまでだが、根っこのない流行りのようで正直、寂しい。

62 「石頭」考

北沢の大石棒　長野県南佐久郡佐久穂町高瀬一四二一

家族からイシアタマ（石頭）と呼ばれて久しい。辞典によると「石のようにかたい頭・考え方がかたくて融通がきかないこと」とあるが、融通がきかないだけではないらしい。いつも石のことばかりを考えているからだという。石の在りようが気になり、庭を散策するときも石ばかり見ていると言われる。といっても、年月を経て苔むし、寂びた石に魅かれるという程度でもあるのだが、なぜ石に魅かれるのかわからない。石に宿る「なにか」が魅了してやまないのだ。

　が、私の石頭レベルとは比較にならない「石に狂った」と言われる人物がいる。しかも、すべてが桁外れ、石に対する偏愛はただならない。その名も木内石亭《きのうちせきてい》。弄石《ろうせき》家と呼ばれるが、江戸中期、近江の阪本で生まれ、稀代の奇石蒐《しゅう》集家として知られる。とはいえ気が触れたわけではない。が、狂ったとしか思えないほど、古今東西の珍石・奇石を集めに集めた。今でいえば博物館活動のようなものだが、蒐集、研究の結果を『雲根志《うんこんし》』という石の専門書として世に問うた。

　雲根とは、石のことだが、「二十一種珍蔵」の項に「予十一歳にして初めて奇石を愛し、今に至るまで三十年来、昼夜是を玩《もてあそ》びて他事なし。此ために諸国へ通行する事凡そ三十余国。今求め集る処の石凡そ二千余品」と記している。

　興味深いのは、神代石《じんだいせき》という括《くく》りだ。「天工にあらず、人工にあらず、実に神工のいちじるしきものなり」とし、上古の神石《しんせき》と分類しているもので、当時、用途がわからなかった石棒《せきぼう》や独鈷《どっこ》石などを指している。たとえば石棒、わが家近くの「金生遺跡」からも数多く出土しているが、豊穣を祈る男根を模した縄文の祭祀遺物で、彼の分類では神さまがつくった神石そのものであったらしい。なかでも石棒が気にいっていたのか、六十九歳のとき、長さ一三五センチ、重さ約三八キロという石棒を手に入れている。

　巨大といえば、日本最大の石棒は長野県佐久穂町にある「北沢の大石棒《おおせきぼう》」と呼ばれるもので、長さ二二三センチ、径二七センチを誇る。北沢川渕の土中に横倒

復元された金生遺跡の石棒　縄文晩期のものだが安定性があり、ずんぐりとした丸みの強い形状が特徴的だ。

しになっていたもので、田んぼの畔《あぜ》に保存されている。やがて明治初期に成立する近代考古学によって神石は再分類され、神代石という概念は消えていった。

おそらく石亭の頭の中には、分類・整理された珍石・奇石がびっしりと詰め込まれ、石の擦れあう音がガラガラと鳴り響いていたことだろう。「石の上にも三年」ではないが、十一歳で石に目覚めて以来、八十五歳で天寿を全うするまでの七十四年間、石とともに生き、石に埋もれ、果ては石に還ったというべきか。石なくしてなんの人生か。石を愛でずしてなんの楽しみか。石を訪ねずしてなんの旅か……。いわば時空を超えた究極の「石頭」がここにいる。

北沢の大石棒　縄文人は祈ることで願いを叶えようとした。諸説あるが、男根を模した形状から「豊穣を祈る祭祀道具」と考えられている。

北沢川　大石棒は、大正末年、北沢川の改修工事のときに発見された。縄文中期のもので、土中に横倒しになっていた。

63 「御岩」と「大岩」の大権現

堰留神社　高知県香美市土佐山田町戸板島／大岩大権現　福井県敦賀市疋田

ずいぶん前になるが、高知県の旧物部《ものべ》村に伝わる「いざなぎ流」という民間信仰に興味をもち、訪ねたことがある。詳しいことは省くが、陰陽道や修験道、仏教、神道などが混淆《こんこう》して成立したもので、氏神祭り、病気平癒、占い、調伏など、古代の祈祷師を彷彿させる太夫《たゆう》が実在する。徳島県との県境近く、急峻な斜面に張り付くように集落が点在していた。

　物部村への途中、土佐山田町に、物部川の氾濫を堰《せ》き留め、水害から守ってくれた大岩を神体とする堰留《いどめ》神社が鎮座している。「村人はこの大岩を磐座として堰留《いどめ》の神、石留《いわどめ》の神として祀った」と由緒にあり、元慶八年（八八四）、この二神が従五位下の神階に進んだことが記されている。もともと神社は大岩の上にあり、洪水になると村人は大岩に上がり難を避けたという。洪水でもビクともしない大岩だから、「御岩大権現」と崇め祀ったのだという。ただ、この大岩は現存しない。岩の上に土を盛り、より高い堤防を築いたからだ。平成十年（二〇〇八）の改修工事で岩が現れたため、その一部を削り、環状列石のように展示されている。それにしても、堰留神、石留神とは「そのまま」の神名ではないかと、なぜかおかしい。

御岩の名残　村人は洪水のたび、岩に上り難を避けたという。その大きさは計り知れない。

　もうひとつ、こちらは土石流を防いで村を救ったという大岩。「大岩大権現」として祀られているが、江戸末期、慶応二年（一八六六）の土石流で流れ落ちてきたものだという。ところは福井県敦賀市疋田《ひきだ》。北陸本線の新疋田駅近くの谷間にどっしりと座っている。境内の横を川が流れ、橋を渡ると、真っ赤な鳥居越しに「にぎりめし」のような白い巨岩が見えてくる。村を救ったという大岩だ。おみくじで「山王権現の力で救われた」と告げられたというが、権現によって新しい権現が生まれたという意もあるようでおもしろい。山王といえば、荒魂《あらみたま》が和《にぎ》魂《みたま》に生まれ変わるという日吉大社の「ミアレ（御生れ）神事」が知られるが、土石流で現れた大岩が、土石流を堰き止める大岩に生まれ変わるという意もあるのかもしれない。

二つの大岩で想い浮かぶことは、『古事記』にいう現世と黄泉国との境を塞ぎ、邪気悪霊を防いだという「千引《ちびき》の岩」のくだりだ。千人の人間が引くほどの大きな岩という意だが、いわば塞ぎとしての岩神であり、洪水や土石流という悪霊を塞ぎ止めてくれる「善神」という神観念がみてとれる。神格化された時期は違うものの、どちらも、大岩が村を救い、感謝され、神に昇華するという祈りが基層を流れている。自然災害という怖さと、神の慈悲という両面を併せもった御岩と大岩の「ものがたり」だ。

鳥居越しに拝する大岩　真っ赤な鳥居と白い大岩。大岩大権現という神額が彩りを添える。

大岩大権現　巨大で神秘的な白い大岩。その大きさ故に村を直撃する土砂や大木をせき止め、救ってくれた。

64 「磐座」を冠した神社

飯部磐座神社　福井県越前市芝原五－一六－一

拙い文章とはいえ、それはそれなりに日本語の表現は難しく、奥深いとため息をつくときがある。とくに神々の表現には苦労する。目に見えないからだ。見えない神を視るためには観念するしかないのだが、そこはもう直感の域でしかない。

「神道考古学」を提唱した大場磐雄は『神道考古学論攷《ろんこう》』において、磐座という語義は「神々が石に座す観念から起こった」と記している。そのうえで、式内《しきない》社において「イワクラ」の名を負う神社が十二社存在することを挙げ、理由はわからないとしながら、そのうち七社が北陸にあることを指摘している。内訳は、大和一・三河一・伊豆二・近江一・若狭二・越前四・能登一ということだが、なかでも越前が突出している。それだけ多くの磐座が祀られていたのかとも思うが、なぜなのかわからない。

今回の参拝地は、その北陸七社のひとつ「飯部《いべ》磐座神社」。福井県武生《たけお》市と今立町が合併して誕生した越前市芝原に鎮座する。飯部という地名を冠するが、式内社の伊部《いべ》磐座神社に比定されている。ただ、所在地には異説があり、定まってはいない。『福井県の地名』に載る芝原村に「村の中央の小丘上には古墳遺構の巨石群がある」と記されているが、歩いた限りでは古墳という感覚はなかった。『神祇志料《じんぎしりょう》』にも「飯部郷芝原村磐山」とあるので、平地に浮かぶ磐の山という認識だったと思われる。社殿に向って石段が伸びているが、辺りには苔むした巨石が累々、やはり磐の山という観が強い。おそらく、社殿ができる以前、飯部郷の古代人はひしめきあう巨石に圧倒されながらも、そこに厳かな気這い、神気のようなものを感じたのではないだろうか。

境内の巨石群　古墳の遺構という説があるが、巨石が群れる自然の山といった感がある。

参道脇の巨石　小さな丘ながら、神社へ向かう参道は、一段一段、巨石の間を縫っていく。

こうした深閑とした石の佇まいに神を観たのだと思われる。

大場磐雄は、磐座を「古代人が、天工の妙を神霊の宿るが故と観じたもの」と喝破した。写真家の藤原新也氏は『沖ノ島』で、祭祀がおこなわれた岩陰の写真に「岩陰に近づくと神への祈りのアウラがかすかに残っているかのような空気を感じる」と記した。アウラとは、今ここにのみ漂っている独特の霊気といった意だが、どちらも、磐座の本質を突いているようで心に届く。

「で、おまえはどうか」と問われると、「ドキドキながら、ゾクッと身震いする」といった感覚だろうか。なぜかわからないが、心が高鳴り、畏れとともに自然の懐に包み込まれるような「やすらぎ」といっていいかもしれない。古代人は、こうした在りように神の気這いを感じ取ったのだと思う。神は遠くに坐《いま》すけれど、なぜか近い。よくわからないが、ビビッと琴線に触れるものがある……。考えれば考えるほど茫洋として果てがなく、神への憧憬は尽きない。

飯部神社　住宅街の一画、丘のようなところに鎮座する。見上げると巨岩累々、磐座という神社にふさわしい。

65 石が動く山

伊須流岐比古神社　石川県鹿島郡中能登町石動山子部一―一

漁師が海上において自らの位置を確認する方法に、ヤマアテ（山当て）という伝統的なやりかたがある。山を主体とし、陸地にある巨木や建物、岬などを組み合わせて漁場などを確認するという原始的な方法だが、長年の経験から導き出された合理的なやり方でもあった。そうした主体となる山は、地域で目立つ山や高山が多く、信仰の対象ともなった。元来、山は仰ぎ見るものであり、登るものではなかった。山は神が在《おわ》す霊地であり、みだりに入ってはならない聖域だった。と同時に死者の霊魂が鎮まるところと観念された。やがて、そうした聖域に分け入り山の霊力を身に着けようとする者があらわれた。修験道《しゅげんどう》の始まりである。

石が動く山、石動山《いするぎやま》。今はセキドウサンと音読みされているが、かつてはイスルギヤマと呼ばれていた。能登と越中の国境に位置し、標高五六五メートルながら、地域の最高峰であり、よく目立ち、ヤマアテの対象とされた。頂上部が円錐形をなし、古くより神霊の鎮まる山、修験の山として信仰され、山頂には式内社である伊須流岐比古《いするぎひこ》神社が鎮座する。調べていくと、五社権現と呼ばれ、一山を天平寺と称したころの凄さが浮かびあがる。それもそのはず、最盛期、寺領四万三千石余、衆徒三千人を擁した勅願の一大道場だったというから驚く。しかし、南北朝時代、戦国時代と、二度の騒乱で全山焼き討ちにあい、再興するも、明治の廃仏毀釈《はいぶつきしゃく》によって衰退し、廃絶したという歴史を背負う。今は礎石をのこす坊跡が苔むし、ひっそりと往時を語っている。

それにしても、なぜイスルギなのか。主な説が二つあるが、「道字石《どうじいし》」という磐座に由来するという説が一般的だ。太古の昔、万物を司《つかさど》る星が、三個（朝字石・動字石・竹字石）に割れて流れ落ち、そのひとつである動字石が山に落下した。その時、全山が揺れ動いたのでイシユルギと呼ばれ、イスルギとなったというもの。もうひとつは、この山は地滑りが頻繁におこり、大石までも落下したので、石が動く山として怖れられ、イシユルギの名がついたというものだ。由来としては動字石説に魅力を感じるが、地滑り説のほうがわかりやすい。

伊須流岐比古神社　隆盛を極めた石動山天平寺だが、今は、わずかに神社の建物がのこるのみ。

動字石　石動山信仰のシンボル。石動山の由来としても語られる。雨上がりのためか、苔の緑が美しい。

動字石は拝殿から少し下ったところ、玉垣に囲まれて鎮座している。縦横ともに一メートルほど。大きくはないが古色蒼然とし、神寂びている。由緒には『能登名跡誌』の引用として、「此山は天より星落ちて石と成、天漢石《てんかんせき》と号す」とあり、そのうえで「ちなみに、この石は隕石ではなく安山岩である」と記されている。わざわざ天より星落ちて……としながら、隕石ではないという笑い話のような「落ち」が、なぜかほほえましい。

拝殿　現存する数少ない建物のひとつ。重厚感があり、簡素な銅板葺で装飾的なものをほとんどもたない。

66 タカセオミヤの石神

高瀬宮　石川県羽咋郡志賀町笹波

なんとも分かりづらいところだった。所在地は石川県志賀町の笹波。高瀬宮と呼ばれているが標識もなく、近くまでたどり着いてはいるのだが、鎮守の森のような気配もなく、その近くをうろうろと行き来した。駐在所があったので立ち寄ったがあいにく不在。そうしているうち、商店らしきものがあり、聞いてみると、店の前にある道を指さし「その細い道を入った先ですよ」と教えてくれた。『磐座百選』の選考過程で、どちらを選べばいいのか、迷ったものがいくつかあるが、そのなかのひとつだ。結果、能登町の石《いし》仏山《ぼとけやま》を選んだのだが、今でも選考から外した未練が「埋火《うずみび》」のように燻ぶっている石神でもある。

高瀬宮については『富来《ふぎ》町史』などに「タカセオミヤの石神」として、また「祭祀遺跡高瀬宮」として紹介されている。ただ、調べた限りでは、遺跡として発掘されたという記述はなく、その辺りはわからない。大小三個の自然石からなり、最も大きな石をオトコイワ、陰石を想わせる割れ目がある石をメロイワ、真ん中の小さな石をコドモイワと呼んでいる。さしずめ家族が団らんしているような構図だろうか。オトコイワは、高さ約四・七四メートル、幅約三・一メートルだという。社殿のない自然崇拝を色濃くのこす神社だが、その理由に、石神は社殿を設けることを忌み嫌い、何度建てても一夜で壊してしまうという話が伝えられている。

もともと神社に社殿はなかった。高瀬宮のように聖なる石があれば神は依りついた。社殿がつくられるのは仏教が伝わってからとされるが、石神は「異国かぶれ」を嫌ったのか。それとも神としての矜持なのか。異国の真似などしないでくれ、今のまま、自然のままでいい……と告げているようだ。

強く印象にのこったことがある。鳥居の存在だ。写真に石神そのものと鳥居越しに拝する石神を載せたが、なにげない自然石が、鳥居が立つことによって「石神」に昇華するという、浄化作用のような役割を果たしていることが理解できる。聖なるものをじかに拝しては畏れ多い。

高瀬宮　社殿のない境内。自然林の奥に鎮座する石神と鳥居。ひとつの結界だけで神域の空気が引き締まる。

鳥居は俗界と聖域を分ける表象とされるが、ゆったりと張られたしめ縄とともに、研ぎ澄まされた造形がみごとに石の神性を高めている。通り入る門とか、鳥の止まり木という説もあるが、もとは神体の前に置かれた結界であり、ここから先は神が坐すという「心のみそぎ」だったのではないか。起源は、日本固有のものと外来のものとする説があり、一定しない。が、尾籠な話で恐縮だが、鳥居を立てただけで、小便をする者がいなくなるというエピソードを聞くにつけ、われわれ日本人のなかに、鳥居の聖性が深く埋め込まれていることは確かなようだ。

タカセオミヤの石神　社殿を嫌ったという石神。鳥居やしめ縄はむしろ好みに合ったようだ。

三体の石神　元来は鳥居もしめ縄などもなかった。周りを清浄に保つだけで神は依りついたのだ。

67 雨晴海岸の義経岩

義経岩　富山県高岡市太田雨晴

判官贔屓《ほうがんびいき》という言葉をご存知だろうか。あの源義経が判官という官位であったことに由来する言葉だが、強い立場の者が弱い者をいじめるときに同情、贔屓《ひいき》されるという庶民の心情を表す言葉として知られる。ここにいう強い立場の者とは源頼朝のことであり、弱い者とは弟の義経を指す。いわば頼朝が弱い弟をいじめる悪玉であり、義経が兄からいじめられる可哀そうな善玉となっている。

　義経の名声は死んでから確立されたといわれるが、判官贔屓がもとになり、数多くの物語がのこされた。その典型とされるものが、義経が京都を追われ、奥州の平泉に落ち延びる途中にのこされたエピソードだ。こうした逃亡劇は、平泉で義経が自刃《じじん》した後もつづき、果ては北海道から中国大陸に渡り、ジンギスカーンになるという話に膨らんでいく。

　判官贔屓に欠かせない天下無双の相棒がいる。武蔵坊弁慶だ。ただ、弁慶ほどの伝説的巨人がいつから義経に付き従っていたのか一切わかっていない。『吾妻鏡』によると、義経が兄頼朝の追討を受け、後白河法皇に暇乞《いとまご》いにあがったとき、相従う者はわずか二百余名とされるが、そのなかに初めて「弁慶法師」として登場する。以後、弁慶の活躍は目覚ましい。まるで東大寺南大門の金剛力士像のように知恵と怪力を発揮し、義経の守護神としての役割をはたしていく。

　そのなかのひとつ。奥州に向かう義経一行が越中の雨晴《あまはらし》海岸にさしかかったとき、にわか雨にあい、岩の下で雨宿りをしたという「義経岩」がある。急な雨を避けるため、弁慶が岩を持ち上げて雨宿りできる空間をつくったという話だが、この巨大な岩を持ち上げるというところが弁慶伝説たるところだ。岩の上には「義経社」という社殿もあり、雨晴という地名もここからきたというのだが、これはちょっと怪しい。おそらく、古来の地名があったと思うのだが、これも判官贔屓の余禄だろうか。

　訪ねたときは雲に覆われていたが、女《め》岩《いわ》と呼ばれる岩島越しに望む立山連峰の美しさは、富山県で有数の景観を誇る海岸として知られる。義経岩と女岩、遠くには立山連峰、まさに絵にかいたような

女岩　あいにくの曇り空だったが、晴れていれば女岩の向こうに立山連峰が見える。富山県きっての景勝地だ。

光景が現出するという。ただ、水を差すようだが、現在の義経岩はかつてのものではない。波の浸食による崩壊を防ぐため、コンクリートによる擬岩工法という技術で補強されたものだ。この工法は自然の岩場、微細な地形を忠実に再現でき、付着生物なども自然の岩と変わることなく生息できるという。が、応用されるようになったのは、ここ二十年来のこと。やむを得ず修復するのなら、本来の自然に近い形で……と願う者として、今後の研究と進化に期待したい。義経岩を補強して十七年余、もうすっかり雨晴の景色にとけこんでいる。

義経岩　雨宿りするには十分な空間だ。岩の上には「義経社」が建立され、義経の石像が祀られている。

義経岩と女岩　雨宿りをした義経が女岩を眺めながら、恋しい静御前を偲んだという話まで伝わる。

68

女人救済と玉殿窟（たまどののいわや）

玉殿窟　富山県中新川郡立山町芦峅寺室堂平

芦峅寺《あしくらじ》の布橋《ぬのばし》の正面に立山《たてやま》連峰が横たわっている。深紅の欄干と白銀の立山が対となり、そのおごそかさが際立つ。それもそのはず、この橋はこの世とあの世の境界なのだ。明治の神仏分離のおりに壊されたが、江戸期の絵図面などを基に忠実に復元された。

　立山は神仏分離までは女人禁制だったが、橋の先にある女人成仏の霊場・姥堂《うばどう》までは参拝が許された。ここで「布橋灌《かん》頂会《じょうえ》」という女人救済の儀式がおこなわれた。橋の下を流れる姥堂川を三途《さんず》の川にみたて、白装束をまとった女たちが、閻魔《えんま》堂から目隠しをして橋を渡り、姥堂で念仏を唱え、再び橋を渡って戻ると、極楽浄土に往生できると観念された。というのも、立山の山中には女だけが堕ちる「血の池地獄」があるとされていたからだ。地獄から舞い戻り、女人往生する……いわば女にとって、女人禁制という掟《おきて》ながら、しっかりと救済してくれるという「女の味方」のような儀式であり、存在でもあったろう。

芦峅寺の布橋　三途の川にみたてた姥堂川に架かり、正面に立山連峰を望む。この世とあの世の境界と観念された。

　飛鳥時代、立山を開山した慈興《じこう》上人は、越中守佐伯有若の嫡男・有頼《ありより》とされる。開山縁起によれば、有頼が鷹を探しているとき熊に出会い、弓で射たところ、傷ついた熊が玉殿窟《たまどののいわや》のなかで阿弥陀如来に変じ、立山を開山するよう命じたとされている。ところは室堂平《むろどうだいら》の東端、現存する日本最古の山小屋・立山室堂から一段下がった断崖に口を開けている。

　訪ねたのは七月下旬、窟《いわや》に至る坂道はまだ雪渓がのこっていた。ひび割れたようなごつごつとした断崖の裾に二つの窟が並び、手前が虚空蔵窟、奥の大きいほうが玉殿窟だという。正面には主峰の雄山がそびえ、山の襞《ひだ》にのこる雪が新緑に映えていた。奥行きは四メートルほどか、小振りながら粗削りな風情、まるで立山の山霊が籠っているような霊気を感じる。じわりと湧きあがるような感動とともに、「ここに阿弥陀如来が立っていたのか」としばし立ちつくした。

　季節は違うが、芦峅寺には三度通った。その都度印象深く、神の村として栄えた集落の佇まいとともに、心に響いてきたのは女人救済の布橋であり、女の想いが

玉殿窟から立山・雄山を望む　玉殿とは美しい御殿という意。豪雪で知られる室堂にあるため、訪ねる時期を7月末まで遅らせた。

玉殿窟　日本最古の山小屋「立山室堂」の裏手に、大小二つの窟が口を開けている。

化身したような姥尊《うばそん》の存在だった。姥尊は、立山の地母神とされ、親しみをこめて「おんばさま」とも呼ばれている。今は基壇がのこるのみだが、かつては布橋を渡った先に姥堂があり、六十六体の姥尊が安置されていたという。これも神仏分離で姥堂が破却されたとき、その多くが散逸した。老女のような姥尊と芦峅寺、不思議な符合ながら、それを「売り」としてきた集落の歴史が、なぜか人間臭く、また興味深い。「布橋灌頂会」は平成二十三年（二〇一一）、日本ユネスコ未来遺産に登録された。

69 日本の「国石」となったヒスイ

小滝川ヒスイ狭　新潟県糸魚川市大字小滝

令和二年（二〇二〇）六月二十四日の朝日新聞デジタルに「一・五トンのヒスイ原石、二〇個の穴、川面露出で盗掘被害」という記事が載った。糸魚川市を流れる青海川《おうみがわ》にあった原石が、ドリルで穴を開けられ盗掘にあっていたというのだ。現在は同市にあるフォッサマグナミュージアムに「保護」され、展示されているが、それほど貴重で高価なものだという証でもあるのだろう。今回は、世界最古、ヒスイに魅せられた国の話だ。

　国を代表する石を「国石《こくせき》」と呼んでいるが、平成二十八年（二〇一六）九月二十四日、金沢大学で開かれた日本鉱物科学会において、ヒスイが日本の国石に選ばれた。それまで、水晶や真珠が国石に準じた扱いをうけてきたが、正式にヒスイが認定されたのだ。白い色をした石が多いが、ところどころに緑色をした部分があり、古代より永遠の生命力を宿していると信じられてきた。漢字では翡翠と表記され、翡はカワセミのオスで赤を意味し、翠はメスで緑の意をもつという。日本人が最初に愛した宝石とされ、山梨県北杜市の「天神遺跡」から、約六千年前（縄文前期前半）の首飾りが出土している。日本最古であり、世界最古ともいわれるヒスイの装身具だ。カツオ節を小さくしたような大珠《たいしゅ》と呼ばれるものだが、このの ち玉《ぎょく》、勾玉《まがたま》へと姿を変えていく。ところが不思議なことに、奈良時代に忽然と姿を消し、昭和になって再発見されるまで、千三百年もの間忘れられていたというから驚く。神秘の宝石とされる由縁でもあるが、長い間、日本でヒスイは採れないと思われていたのだ。

世界最大級のヒスイ原石　縄文期に発見されながら、奈良時代に姿を消し、昭和に再発見されるまで忘れられていた。

　渓流に洗われる白い巨石の写真は、小滝川ヒスイ峡に現存する最大級の岩塊で、硬くて重い性質上、かなりの激流でも動かないという。約五億年前、地下深くに生まれたものだが、悲しいことに盗掘を防ぐため、監視員が常駐しているという現実に胸が痛む。そのヒスイ狭から車で四十分ほど、親不知の「翡翠ふるさと館」に世界最大級、一〇二トンの原石が展示されている。この原石も盗掘防止のため、青海川から運ばれたものだ。イルカの頭ように見えるが、これだけ巨大な

小滝川ヒスイ狭　明星山の大岩壁が落ち込んだ小滝川峡谷を「ヒスイ狭」と呼んでいる。

小滝川のヒスイ原石　ヒスイ狭では83個の原石が確認されているが、採取は禁止されている。

原石は類をみない。まさに日本を代表する「国石」といえるだろう。それほど貴重なヒスイの原石。これは観光客に観せるものではなく、厳かに拝するものだと思う。「ヒスイの女王」といわれるヌナカワヒメ（奴奈川姫）伝説が色濃くのこる糸魚川地方。いわば地域の歴史を刻んだ「地母神」のような存在だと思うからだ。鉱物学という視点だけでは理解が難しいヒスイの信仰。見せ物ではなく、縄文からつづいてきた糸魚川土着の神秘性を大切にしてほしいと強く願う。

70 フォッサマグナ

弁天岩　新潟県糸魚川市大字能生

前項で「国石」となったヒスイの話をしたが、この宝石は日本列島の成り立ちと密接な関係があるという。わが家がある山梨県北杜市は、本州中央部を南北に縦断し、日本を東西に分ける「フォッサマグナ」と呼ばれる大地溝帯の只中に位置する。フォッサは地溝、マグナは大きいという意で、「大きな溝《みぞ》」のことだ。

明治初期にドイツ人の地質学者、エドムント・ナウマンが命名したもので、彼はナウマンゾウに名をのこすことで知られる。約千六百万年前、日本列島がアジア大陸から離れ、現在の形になる過程で、ほぼ真ん中で大きく裂けて深い溝ができ、そこに海水が流入、海峡のような状態がつづくなか、海底にたまった新しい地層が隆起し、八ヶ岳や富士山などの火山列ができたものとされる。溝の深さは約六〇〇〇メートル。その西端が糸魚川・静岡構造線と呼ばれるもので、ヒスイは古い地層との裂け目付近から見つかるという。ここを境に、食文化や習慣の違いなども指摘され、糸魚川市は東と西の「境界のまち」として売り出している。

裂け目の起点となる新潟県糸魚川市は、日本で初めてユネスコのジオパーク認定を受けたところだが、ここにはフォッサマグナに起因するさまざまな奇岩、景勝地が存在する。そのなかのひとつに能生《のう》海岸にある巨大な岩礁・弁天岩がある。約百万年前、フォッサマグナが陸地化する直前に海底火山の噴火によってできたものだという。岩というより島と表現したほうがぴったりくるような巨大さだが、岩礁には役割を終えた白亜の灯台と厳島神社があり、航海安全や豊漁を祈る聖地として信仰されてきた。付近にはヒスイの女王といわれるヌナカワヒメ（奴奈川姫）の産所や住居跡などの伝承地が点在し、奴奈川族が蟠踞《ばんきょ》していた地域とも考えられている。いわば、大地の裂け目が生み出した地球の遺産だが、マグマの息吹を留める雄大な造形が、ヌナカワヒメの霊能が宿る「奥津城《おくつき》」のように想えてくる。

フォッサマグナの中間地点辺り、長野県南牧村、JR小海線の野辺山駅から国立電波天文台付近を通り平沢峠に向かうと、「獅子岩」という巨岩が見えてくる。今風にいえば、さしずめ「ゴジラ岩」とでもいうのだろうか。ナウマンはこの岩に登って南アルプス方面を眺めたときに、彼の言葉で「著しき奇妙な地形」と表現された景色に驚き、感動したという。気が遠くなりそうな話だが、ナウマンはここが列島を東西に分ける巨大な溝であり、日本列島の誕生にさかのぼる光景ではないかと思い始めたのだ。それがやがてフォッサマグナの発見に結実し、日本列島の起源へと繋がっていく。まさに磐座の始原ともいえる「天地創造」の世界をここに見る。

能生海岸の弁天岩　日本を二分するフォッサマグナの西端にあたる巨大な弁天岩。日本列島の生い立ちを語る。

フォッサマグナパーク　糸魚川ー静岡構造線を露出させた断層。日本の裂け目がよくわかる。

平沢峠の獅子岩　野辺山駅近くにある。ナウマンはこの岩に登ってフォッサマグナの発想を得た。

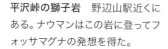

71 石塔雑感

庭の石塔　山梨県北杜市大泉町

わが家の庭のなかに、宝篋印塔《ほうきょういんとう》や五《ご》輪塔《りんとう》と呼ばれる石塔がいくつか点在する。どれもかなり古いもので、年月相応の寂《さ》びた風情が気にいっている。庭をつくる過程で据えたものだが、もうすっかり周りの景色にとけ込んでいる。おそらく、家がなくなり、かつての雑木林に戻ったなら、ここに古い寺があったと想われるのではないか、そう思えるほどの存在感だ。こうした石塔は仏教的な石造物で、死者の供養のためにつくられたものがほとんどだという。もちろん、石神でも石仏でもない。が、祖先供養のため、お盆や命日などにお参りするところをみると、なにか霊的な存在とされていたことはまちがいないようだ。

欽明七年（五三八）、百済から仏教が伝来した。日本人はこれを異国の神と理解し、蕃神《ばんしん》と呼んだ。日本と異国の神との出会いであり、戦いの始まりともなった。物部氏と蘇我氏の覇権争いでもあったが、蘇我氏が勝利を収め、巨大な塔を中心とした飛鳥寺が建立された。『日本書紀』に「刹《せつ》の柱を建つ」と記されているもので、塔ではなく柱と表現しているところが意味深い。柱は神を数えるときの言葉であり、依代とされるものだが、蕃神もまた、神々のうちに加えていたことが窺える。柳田国男が「先祖の話」のなかで、ホトケは木の柱に文字を書いた卒塔婆《そとば》のことだという屋久島や佐渡の例を挙げ、ホトケを迎える精霊の依座《よりまし》でもあると記しているが、刹柱《さっちゅう》に通じるようで興味深い。

五輪塔　供養のために立て始めたものだという。江戸期のものだが小振りで素朴なつくりが景色にとけこんでいる。

石塔は石の卒塔婆といわれる。仏を異国の神・蕃神と称したように、塔のことを刹柱と表現するなど、仏教伝来時、すでに神仏習合が始まっているように思える。とすると石塔の基層を流れているものは、日本古来の神と異国の神が融合した造形といえるかもしれない。石仏と道祖神が路傍に同居し、祀られていることと同じ感覚のように思える。仏と神がとくに区別されるわけでもなく、ごく普通に混在し、ともに信仰されてきた歴史をここにみる。日本古来の神は、仏に負けたのではなく、むしろその懐に包み込んだのだと思いたい。

宝篋印塔を眺めていると、写真や映像でよく見るアンコールワットの石塔を想い描く。そびえ立つ巨大な石塔は、男性のシンボル（リンガ）を意味するともいわれるが、相輪と呼ばれる先端部分も、そう見えなくもない。もともと密教系の石塔ながら、子孫繁栄への願いだろうか。自然のリンガとは山頂にそびえ立つ石のことだという。まるで縄文時代の石棒と仏塔が合体したような佇まい。遥か遠いところで、お互いが響き合っているように思えてくる。

宝篋印塔　鎌倉中期から登場する石塔の形。茨城県つくば市小田の産と聞いた。室町初期のものだという。

古代石塔　古い五輪塔のようだが、年代は不明。少し歪で、風雨に耐えてきた感じが気にいっている。

清里念場原の丸石神（山梨県）

V
関東

④ 石楯尾神社（神奈川県）
⑫ 七日市場の道祖神（山梨県）
⑬ 白旗神社（山梨県）
⑭ 鳴石（山梨県）
⑮ 大滝神社（山梨県）
⑯ 金生遺跡（山梨県）
⑰ 腹切りやぐら（神奈川県）
⑱ 鎌倉十王岩（神奈川県）
⑲ イナカブ岩（東京都）
⑳ 立石（東京都）
㉑ 船越鉈切神社（千葉県）
㉒ ムクゲ自然公園（埼玉県）
㉓ 秩父神社（埼玉県）
㉔ 岩神の飛石（群馬県）
㉕ 神橋（栃木県）
㉖ 蚕影神社（茨城県）
㉗ 陰陽神社（茨城県）

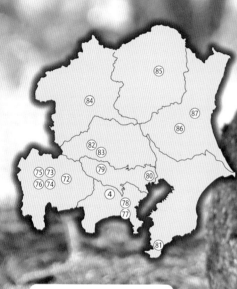

72

コロナと丸石道祖神

七日市場の丸石道祖神　山梨県山梨市七日市場七日市場公会堂前

聖武天皇の御代、天然痘が猛威をふるい、人民の三分の一に当たる命が奪われたという。感染症のパンデミックが起こったのだ。このときの懺悔にも似た天皇の詔《みことのり》が『続日本紀』天平九年（七三七）五月十九日の条に記録されている。四月以来、疫病と旱魃《かんばつ》が並び起こって、田の苗は枯れしぼんでしまった。このため山川の神々に祈祷し、天神地祇《てんしんちぎ》に供物を捧げてお祀りしたが、まだご利益がなく、現在に至るまで尚人民は苦しんでいる。朕が不徳のためにこのような災難を招いてしまった。これを反省して寛大で情け深い心を施して、人民の患いを救おうと思う……。

　朕が不徳のため、と自省しながらもできることはただひとつ。山川の神々や天神地祇に祈り、供物を捧げることでしかなかった。でも待てよ、と思う。コロナ禍の今となにが違うのか。有効な水際対策もままならず、ワクチンは遅れ、病床はひっ迫。ただ、三密を避け、自粛してほしいと「神頼み」のように言っているだけではないか。目に見えずして忍び寄る疫病神。令和の今でもこのありさまだ。まして平安初期、防ぐ手立てはなかったろう。とはいえ、いつの世も同じ、自らの命は自らが守らねばならない。で、お上に頼れない庶民は考えた。あの世とこの世を塞いだ千引《ちびき》岩のように、疫病を防いでくれる石神を境界に祀り、さえぎってもらおうと。道祖神《どうそじん》こと、サエノカミ（塞神）だ。

　柳田国男監修の『民俗学辞典』をみると、「その名のごとく元来は防障《ぼうしょう》・防塞《ぼうさい》の神であり、外から襲い来る疫神悪霊などを村境や辻・橋のたもとなどで防障する意」とある。難しい言葉が並んでいるが、要するに、自分たちのムラに邪霊や疫病神の類が立ち入らぬようサエギル神として祀られたというのだ。

　道祖神のひとつに「丸石道祖神」がある。山梨県の甲府盆地に集中して見られる石神だが、ここに紹介する丸石は山梨市七日市場にある道祖神で、直径一一〇センチ、高さ九五センチという日本最大級を誇る。この道祖神場で一月十四日の小正月に「ドンドンヤキ」と呼ばれる祭事がおこなわれる。写真を見比べてほしい。ひとつは普段の丸石神、もうひとつはオコヤ（御小屋）と呼ばれるが、竹や稲わら、ヒノキの葉で覆われた丸石神。

近くにあるもうひとつの丸石神　やや扁平だが、これも大きい。味わいのある丸石神だ。

七日市場の丸石道祖神　私も丸い石があればつい拾ってしまう。これだけ大きな丸石に出会ったらどうするだろうか。

この小屋をドンドンヤキのときに燃やしてしまう。燃え上がる火に悪魔払い、再生という意が語られるが、ぱちぱちと燃え盛る音は、悪霊を追い払う呪文のように聞こえたことだろう。最近はこの火で焼いたマユダンゴを食べると虫歯にならない、風邪をひかないなど、身近な願いに変わっているという。それもそのはず、道祖神ながらも集落の守り神そのものだからだ。村人は丸い石があれば、ここにもってきた。でもなぜ丸石なのか、どうもこれは理屈ではない。ただ丸い石だから祀る……というのが根源らしい。

ドンドンヤキの準備　いったん覆い隠したうえで燃やすと、再び丸石神が姿を現す。

73 白旗神社の石塔

白旗神社　山梨県北杜市大泉町西井出字石堂八二四〇

山梨県は律令制下の「甲斐国《かいのくに》」が下地になっている。山に囲まれた狭い盆地を意味するカイ（峡）が語源とされているが、今でも峡北・峡南などという行政名が活きている。移り住んで二十二年になるが、何かにつけて登場するのは武田信玄で、「信玄公」と尊称される英雄である。信玄を生んだ甲斐源氏の祖は、源義光とされ、孫の清光が八ヶ岳南麓に土着し、甲斐源氏の棟梁として礎を築いた。そうした甲斐源氏にまつわる不思議な神社が北杜市大泉町に所在する。

その名も白旗神社。今でこそ民家が点在しているが、江戸後期の『甲斐国志』には、「本村ヲ距ルコト拾五六町許、北方八ヶ嶽ノ麓ニ在リ」とあり、人里離れた山中だったことが記されている。社殿はなく、高さ一・二メートル、横幅二・七メートル、奥行一・五メートルという巨石の上に自然石を積み重ねた五層の石塔が二つ並んでいる。清光の孫・有義がこの下に源氏のシンボルである白旗を埋め、神社として祀ったと伝わるが、もとより伝説にすぎない。しかしながら、甲斐源氏発祥の地という歴史とともに、「白旗」という神社名がその繋がりを主張している。

現在は、タケミカヅチ（建御雷）、ウカノミタマ（倉稲魂）、アメノウズメ（天宇受売）を祀っているが、「国志」には、八嶽《やつがたけ》権現・水神・姥神《うばがみ》の神名が記されており、本来はこの三神を祀っていたと思われる。なかでも興味深いのは姥神で、神聖な山の入口に座すといい、三途の川の畔にいるともいわれる神で、聖と俗との境界神の性格をもつ。神社脇を甲川《かぶとがわ》が流れ、社地がある標高千メートル付近には「八ヶ岳南麓湧水群」と呼ばれる湧水が点在する。今まで発掘された数多くの縄文遺跡もほぼこのラインより低地に存在している。そうした山と里の結界のようなところに磐座と思しき巨岩があり、神殿のような石塔が存在するのだ。

巨石の上に、無造作とも思える積み方ながら、絶妙なバランスで重ねられた五層の石塔。高さ約一・八メートル、粗削りな野武士のような風貌をもち、崩れそうで崩れないたおやかさを内に秘める。なんとも不思議な造形だが、地震などで崩れたという記録はないという。不揃いながらも、大小さまざまな形をした自然石が危うい均衡を保ち、天工の妙というべき神秘さを醸し出している。まさに人智を越えた堅ろうさで地震や風雨に耐えてきたのだろう。『磐座百選』で採りあげた対馬の「天道法師塔」を彷彿させ、賽《さい》の河原にある石積みのような造形とともに、甲斐源氏を想わせる武者振りを併せ持つ。神社の発祥やありさまを想像させる聖と俗との境界のようなところ、樹と水と石が織りなす自然崇拝の原風景をここに観る。

白旗神社　大泉町に移り住んで、最初に訪ねたところ。近くには、甲斐源氏ゆかりの地が数多く点在する。

絶妙な石積　誰が積んだのか。力学的なバランスというものがあるのだろうか。

巨石と石塔　磐座だった巨石の上に積まれたものだという。周りを足で踏むと太鼓をたたく音がするという。

74 スーパーの駐車場に祀られた巨石

鳴石　山梨県北杜市大泉町谷戸

　前項でふれた「白旗神社」の近く、スーパー「ひまわり市場」の駐車場に、場違いと思われる巨石がどっしりと座っている。幅、高さともに五メートルほどか。大切にされているようで、苔むした岩の上部にしめ縄が張られている。新年を迎えるときに架《か》け替えるというが、もともとあったものではなく、過去の土石流で埋まっていたものだという。この災害は明治三十一年（一八九八）の水害と思っていたが、どうも天正二年（一五七四）のことらしい。近くに甲斐源氏ゆかりの逸見《へみ》神社があるが、『甲斐国志』に、「天正二年八ヶ岳崩壊シ水漲《みなぎ》リ祠中ニ蔵《おさ》ムル……其時流閣セル巨石祠西ノ宮川ニ多数アリ」と記されているからだ。ゆうに百トンを超えるもので、東京から重さに対応できるクレーン車を呼び、吊り上げたと聞いた。名前はないが、近くにある同じような石にちなみ「鳴石」と呼んでいるという。いわば悲劇の石でもあるのだが、買い物客が行き交うなか、犠牲者を鎮魂するかのように黙然と鎮まっている。

　名前の元になった本元《ほんもと》の鳴石は、スーパーから宮川を北に二キロほど遡ったところに所在する。わかりにくいところだが、雑木林の奥、湿原のようなところに苔むした巨体を横たえている。駐車場にある巨石と大きさも形状もよく似ている。説明板に「この石は、昔から何か変わったことがあれば必ず鳴った」とあり、「冠婚葬祭の時など、何か頼まれると、貸してくれた」と書いてある。ところが、借りた品物を壊したまま返したところ、石はたいそう怒って二度と貸してくれなかったというのだ。柳田国男は、こうした伝説を「椀貸《わんかし》伝説」と称した。共通していることは、山中または水辺の岩や岩穴の前で、「来客があるので膳椀を貸してくれ」と頼んでおくと、必ずその場所に置いてあったが、壊したりして元通り返さなかったために、貸してくれなくなったという話だ。折口信夫《おりぐちしのぶ》は、淵などの場所が多いことから、水神の末裔である河童が水の彼岸からやってきて、椀を貸してくれた話と捉えている。

　鳴石がある雑木林は、沢が流れる湿地にあり、近くには八ヶ岳湧水群と呼ばれる湧水池や湧水口が点在する。前項でも

鳴石遠望　雑木林の中、近くには説明板があり、二間四方という大きさのため一目でそれとわかる。

スーパーの駐車場にある鳴石　この辺りは何度も土石流の被害を受けた。スーパーの敷地ながら、その存在感は半端ではない。

触れたが、おそらくこの辺りは、古来より水神が宿る霊地であり、聖と俗との結界のような場所でもあったのだろう。ここにくれば、水神と会える。なにかあれば助けてくれる。そうした願いが、石が鳴り、椀を貸してくれるという「椀貸伝説」に結び付いたのではないだろうか。湿地にあるためか、鳴石全体がびっしりと苔に覆われ、濃い緑色をしている。折口説ではないが、巨大な河童の頭のようにも、椀を臥せたようにも見えてくる。

本元の鳴石　なにか変わったことがあれば必ず鳴ったという。災害を予知するような存在でもあったのか。

75 いわゆる「ハロウイン」のこと

大滝神社　山梨県北杜市小淵沢町上笹尾二七三八

渋谷に大勢の若者が集まり、「ハロウィン」という名目のもと、わけもなく騒ぎ、ごみの山をつくり、車をひっくり返しているニュースが流れていた。ハロウィンが日本で定着し始めたのはわずか二十年ほど前だという。にもかかわらず、いつからこのようなことになったのか。

ハロウィンは、古代ケルト人が起源と考えられている「サウィンの祭り」のことで、秋の収穫を祝い、冬の始まりに際し、悪霊などを追い出す宗教的な行事だった。いわばキリスト教以前の自然崇拝を基層とする土着の宗教行事だったのだが、なぜキリスト教の祭りでさえないものをなんのためにおこない、騒ぐのだろうか。わけがわからない。それをマスコミがこぞって、多少批判の姿勢をみせつつも、おもしろおかしく取り上げている。今までも日本人はさまざまな宗教や文化を受け入れ、咀嚼《そしゃく》してきた。でもそれには「根っこ」があったように思える。

いったい日本人における信仰とはなんだろうか。神社や寺へ初詣をするのは信仰なのか。お盆に起きる「民族の大移動」は、信仰心があるからか。パワースポット巡りや御朱印は信仰心からなのか。さらにいえば、クリスマスは、バレンタインは、そしてハロウィンはなんなのか。そうしたいわば「根無し草」とも思えるような現状が、渋谷の映像と重なる。

利便さやご利益を求めるあまり、本質から離れていき、人間本来の「心」が退化してきたのだろうか。虚構の世界へと振り子が振れ過ぎ、戻らなくなるような危惧すら覚えるのだが、どう思われるだろうか。とはいえ、六世紀の半ば、仏教が伝来したときは、日本人はホトケを異国からの客神《まろうどがみ》として受けいれた。昨今は、アニメの舞台が聖地となる時世。嘆いてばかりはいられない。

八ヶ岳の南麓、自宅近くに、大滝神社という鎮守社がある。毎年、初詣をすることを恒例としている神社だが、古来より、山と岩と水源地という自然そのものを祀る神社として、地域の人たちから篤い信仰をあつめてきた。神体山の麓から湧き出る水は、日量二万二千トンを誇る。ここには古来より、人びとの生活をうるおし、地域を支えつづけてきた自然の

大滝神社の神体山　なだらかな山容をした滝山。こうした山を神の鎮まる山として崇拝してきた。

樋口から流れ落ちる湧水　境内のいたるところから湧き出る水。この豊かな水源が古くから人びとの生活を支えてきた。

「営み」がしっかりと息づいている。いわば自然を敬い、共生してきた生活の「根っこ」がここにある。人は自然から離れて生きてはいけない。そうした根っこのうえに、さまざまな異文化を受け入れてきたのだ。日本の豊かな自然と風土は、われわれの信仰に強い影響を及ぼしているばかりではなく、日常生活にも深く沁みこみ、計りしれない影響をもたらしてきた。コロナ禍の今、虚構の世界へ振れすぎた振り子を少しでも、自然の世界に戻せないものか。

蚕影大神を冠した磐座　神体山の麓、水源近くには巨岩と巨木。自然崇拝の原点のような光景が広がる。

76 冬至正月

金生遺跡　山梨県北杜市大泉町谷戸字金生地内

今年（二〇一九）の冬至は十二月二十二日だった。八ヶ岳南麓の山中に移り住んで春秋二十余年、いつのころからか、季節の移ろいを受容できる心構えといったものができてきた。たとえば冬至のころ、午後三時を回ると体感温度が下がり、山の端に夕陽が当たり始める。風の強い日が多くなり、散り積もった落ち葉が吹き溜まりをつくる。つくばいの氷が厚くなり、敷地を歩くとザクザクという霜柱の音がする。裸木と茶色を主体とした景色のなか、アセビ（馬酔木）とクリスマスローズの緑が彩を添え、雑木の枝の先には新しい命が顔を出している。リスがドングリを地中に蓄え、小鳥が群れを成してついばむ。じんわりとだが、春を迎えるという気配が漂ってくる。

　もういくつ寝るとお正月　お正月には凧あげて　こまをまわして遊びましょう　はやく来い来いお正月……。

　童謡「お正月」の歌詞だが、ここにも季節の移ろいを待ち焦がれる心境がつづられている。「はやく来い来いお正月」というくだりに、春を待ちわびる庶民の想いが凝縮されている。遠い昔、正月は冬至の日を指していた。人びとは長い経験のなかで、太陽が一年で最も南に片寄り、正午の高さが最も低く、影が最も長く、日照時間が最短となることを見知っていたからだ。冬至に昇る太陽が「初日の出」であり、この日を境に少しずつ日の出が早くなり、日の入りが遅くなるということを。やがて中国・周の時代、冬至は新しい太陽の誕生日とされ、年の初めとする「冬至正月」の暦がつくられた。以来、漢の武帝が年の初めを立春にあらためるまで冬至月が一年の正月とされた。一陽来復《いちようらいふく》という易の言葉も、そのことを表している。やっと陰気が極まり、陽気が戻ってくる……。

　自宅近くにある縄文後期から晩期の「金生《きんせい》遺跡」は、祭りの場であることがわかっているが、冬至の日、南西に位置する甲斐駒ケ岳（二九六七メートル）の頂に陽が落ちる。同時に、影をひいていた配石遺構も陽が当たらなくなる。つまり、遺跡は、甲斐駒ケ岳と日没が一致していることになる。祭りの場は、そうしたところを選んで営まれ、季節を測っていたというのだ。

　比べて、茨城県大洗町に鎮座する大《おお》

冬至の金生遺跡　甲斐駒ヶ岳の頂上に陽が沈むとき、一年で最も影が長くなる。

冬至、甲斐駒ヶ岳に夕日が沈む　金生遺跡から拝する甲斐駒ヶ岳。このあと、吸い込まれるように沈んでいった。

大洗磯崎神社の神磯　冬至の日の出に向かって立つ鳥居。太平洋から昇る太陽。まさに「初日の出」そのものだ。

洗磯前《あらいいそさき》神社。祭神が依りついたという神磯《かみいそ》には、冬至の日の出に向かって鳥居が立っている。この日を境に太陽の光が強くなり、春が近づいてくる。ワクワクして叫びたいような喜びが、岩礁の鳥居に象徴されている。太平洋を背にした神磯の光景は、無限に広がる空と水平線にとけこみ、なんとも神々しい。冬至が過ぎると、歴史の節目となった令和元年も暮れていく。来年こそ、安寧な年であってほしい、そう願わずにはいられない。

77 鎌倉の「やぐら」

腹切りやぐら　神奈川県鎌倉市小町三

鎌倉幕府滅亡の地、北条高時の「腹切りやぐら」を訪ねたときの衝撃は忘れられない。ぽっかりと口を開けた薄暗い楕円形の「やぐら」が、執権高時と北条一門八百七十余人の霊を飲み込んでいるように思えたからだ。崖に穿たれた穴が不気味な静寂のなか、ひっそりとうずくまり、まさに陰々滅々といった霊気が地面を這っていた。霊というものは、こういうひんやりとした澱《よど》みのことではないか、そう思った。

　元弘三年（一三三三）五月二十二日、新田義貞によって鎌倉の各口を破られ、若宮大路に攻め込まれた高時は、屋敷の裏手、葛西谷《かさいがやつ》にある菩提寺・東勝寺に火を放ち、一族郎党とともに折り重なるように自害したという。ここにいうやぐらとは、山腹の崖をくりぬいた岩穴のことで、鎌倉から室町期にかけておこなわれた納骨窟のことをいう。矢倉・屋蔵・窟などの文字をあて、岩屋や岩殿などもやぐらと呼んでいた。いわゆる、鎌倉武士の墳墓窟と理解すればいいと思う。その数、二千基とも三千基ともいわれているが、まだ数多くのやぐらが埋もれているとされ、正確なことはわかっていない。

百八やぐら　覚園寺の裏山にある最大のやぐら群。そのなかのひとつ、五輪窟。五輪塔が刻まれている。

　もう五十年以上も前のことだが、家内とよく鎌倉へ通った。三方を低い丘陵で囲まれた狭い土地ながら、古都の風情が色濃くのこり、今のように観光客であふれる喧騒の巷《ちまた》とは無縁のころだった。駅から少し歩くと、谷戸《やと》と呼ばれる谷間が数多くあり、その奥に足を踏み入れると必ずといっていいほど寺があり、裏山には「百八やぐら」など、さまざまなやぐらが口を開けていた。まるで鎌倉武士の世界にタイムスリップしたような感覚になったことを思い出す。

　鎌倉という地名の起こりはよくわからない。が、有力な候補としてふたつの説が存在する。ひとつは、地形が竈《かまど》に似た谷のようであることから、釜の谷といい、「くら」は谷の意にして、かまくら（釜谷）と呼ばれたという説。もうひとつは、鎌倉は神倉《かみくら》にして神庫の意であるという説。どちらも決め手はないのだが、地形が竈に似た谷、という説により親しみを感じる。古来より日本人は、暗さを

北条高時腹切りやぐら　ここに来ると、鎌倉という時代を考える。実質は北条一族の時代だったと思うからだ。

法王やぐら　過去の遺物ではなく、花が手向けられ、供養されているようなやぐらもある。

ともなう「穴」には、なにか神霊が籠る神秘的な佇まいを感じるとともに、大いなる母性のようなものを抱いてきた。と同時に、人の生命力を復活してくれるところとして聖視した。アマテラス（天照大御神）は、大岩戸に籠ることによって霊威を回復し、皇祖神としてよみがえった。古墳の石室も同じような意をもつと思われるが、やぐらもまた、岩穴崇拝が基層を流れているように思える。やがて、やぐらは室町中期で姿を消す。まさに鎌倉幕府とともに生まれ、幕府滅亡とともに消えていったといえるだろう。

78 鎌倉十王岩

鎌倉十王岩　神奈川県鎌倉市今泉台

今から八百四十年ほど昔、源頼朝が鎌倉に拠点を構えたとき、源氏の氏神である鶴岡八幡宮を平安京の大内裏《だいだいり》に、若宮大路を朱雀《すざく》大路になぞらえて街づくりにあたったという。十四歳まで京の都で育ち、父義朝が平清盛に敗れたあと、伊豆で二十年の流人生活を送っていた頼朝にとって、鎌倉は父ゆかりの故地のみならず、源氏再興の想いが凝縮したような土地でもあった。頼朝の妻・政子の安産と嫡男《ちゃくなん》誕生を祈願するため、大路に石清水から勧請した八幡神の新しい宮を意味する「若宮」を冠するなど、頼朝の想いがあらわれている。源氏再興の願いを街づくりの基軸に託し、新しい源氏の世が始まるという宣言でもあったろう。

その若宮大路と鶴岡八幡宮の延長線の先に、街づくりの基点と伝わる「十王岩」が存在する。

十王岩は、永い年月で風化し、形も定かではないが、中央に血盆《けつぼん》地蔵、左に如《にょ》意輪《いりん》観音、右には閻魔《えんま》大王が彫られているという。ここにいう十王とは、死後の世界で亡くなった者を裁く王をいう。初七日から三回忌まで十回の裁判があるそうだが、そのなかで最も恐れられているのが五十七日目の閻魔大王だ。

でもなぜ十王岩に血盆地蔵と如意輪観音が彫られているのか。なぜ中央は閻魔ではなく血盆なのか。如意輪観音はなぜここにいるのか。謎だらけといっていい。そもそも血盆地蔵という存在が怪しい。調べると、十世紀ごろ中国で成立した「血盆経」と、そこに記された「血盆池地獄」という思想が見え隠れする。血盆経とは、女が、女特有の「血」のために、死後、血の池（血盆池）地獄に堕ちることを説く経典のことで、救い出してくれるのが如意輪観音だという。女だけが堕ちる血の池、裁くのは閻魔大王、救うのは如意輪観音……という構図がぼんやりとだが浮かんでくる。とすると、十王岩の意とするところは「女人救済」という観念なのか。若宮大路は頼朝が政子の安産を祈り、手ずから道づくりを始めたと伝わる。血をともなう出産ながら、源氏の再興と弥栄《いやさか》がかかっている。基点と基軸という視点のみならず、頼朝と政子の願いがまるで水脈のように、基層で繋がっているように想えてくる。

鎌倉は相模湾に面し、三方を山に囲まれた要害の地といわれる。十王岩がある鎌倉アルプスは北の要害でもあるが、逆にみれば、ここを破られれば「終り」ということにもなる。逃げ場もない。だから最後の執権、北条高時は逃げることもできず、一族郎党とともに自害した。

十王岩から南を望むと鎌倉の市街が広がり、若宮大路が一直線に伸びている。磨崖仏がいつ彫られたのかわからないが、ここに立てば、いわば鎌倉の「きも」に触れるような気がする。

鎌倉十王岩　鎌倉建都の中軸線とされる。この世とあの世、鎌倉の内と外とを区切る結界ともいわれている。

十王岩から若宮大路を望む　すぐ海に突き当たる狭い土地だが、頼朝の夢が詰まっている。

若宮大路　鶴岡八幡宮に向かって延びる若宮大路。その八幡宮の先、山の頂に十王岩が位置する。

79 イナカブ岩

イナカブ岩　東京都あきる野市五日市入野

磐座を調べ始めたころ、東京には「これ」といった対象が少ないと思っていた。そうしたなかで、異色とも思える磐座があることを知った。西多摩にある武蔵御《み》嶽《たけ》神社や青渭《あおい》神社などを訪ねながら、見落としていたところだ。それもそのはず、存在を記した文献が見当たらないのだ。「天狗岩」とも「イナカブ岩」とも呼ばれているが、あきる野市五日市にある金比羅山の頂上近く、琴平神社の背後に屹立する。側面から見ると、天狗の鼻のように見えることから天狗岩と呼ばれるようになったというが、なぜ、イナカブなのかわからない。

イナカブといえば、稲を刈り取ったあとの「稲株」が思い浮かぶ。とすると、稲作と関係があるように思えるのだが、繋がりがわからない。その謎を解く鍵は、どうも阿伎留《あきる》神社にあるらしい。武蔵国多摩郡八座の筆頭にあげられる式内社として知られ、琴平神社はその境外社とされている。秋留・安伎留とも表記され、江戸中期から春日明神と称するようになったが、古くは「畔切《あきる》神」として信仰されていたという。

現在はオオモノヌシ（大物主）を主神とするが、『式内社調査報告』によると、春日明神を称したときに主神を退いた「地主神」がいるという。新しい神に追い出されたのか。その正体は不明のまま、謎に包まれている。

畔切とは、畔《あぜ》を切り築いて水田を開くことを意味すると思われるが、これも確かなことはわかっていない。推測になるが、主神を退いた地主神こそ、アキル（畔切）神だったのではないかと思えてくる。畔切と稲株、表記は違いこそすれ、この地を開拓し、水田を切り開いてきた一族の「祖先神」のように思えるからだ。さらにいえば、イナカブ岩がアキル神の神体石であり、阿伎留神社は、イナカブ岩を遥拝する里宮だったのではないかと想いがひろがる。

琴平神社の社殿を右にまわり込むと、杉木立の向こうに岩石群と巨大な立岩が見えてくる。聞きしに勝るとはこのことか。歪んだような巨大な顔が、こちらをにらんでいる。これが天狗の顔なのか。自慢の鼻が折れたのか、鼻と思しき辺りが崩れている。顔が歪んでいるのは、苦痛のためか。それともなにか叫んでいるのか……などと想像が膨らむ。高さ約一二メートル、幅約八メートルだという。崩れ落ちた岩の一部が祭壇のようになっており、小さな石祠が置かれ、信仰の対象となっていることがわかる。しかも巨岩というだけではない。これほど表情豊かに見える岩はそうあるものではない。

眼下にはあきる野の街が広がる。里人は畔を切るころ、ここまで登り、にらまれているような感覚に畏怖しながらも、稲の豊作を祈ったにちがいない。

イナカブ岩　見る角度によって変化する表情。天狗岩とも呼ばれるので、鼻のような突起があったのか。

祭壇　ここは甲斐国との国境に近い。いわば丸石文化圏とでもいうべき地域だろうか。

杉林の向こうにイナカブ岩　樹木の間からイナカブ岩が見えたときは、どきっとした。なにかいるような気配。

80 立石という「地名」

立石　東京都葛飾区立石八-三七-一七

前項で、東京には「これ」といった磐座が少ないと思っていた……と書いたが、それでも淡い期待を寄せていたのが葛飾区にある「立石」という地名だった。民俗学者の谷川健一は『神は細部に宿り給う』で、地名は土地の標識であり、土地に刻まれた人間の足跡と述べているが、由緒ある立石が屹立しているのではないかと想像していたからだ。

江戸後期に刊行された『江戸名所図会』には、「この石によりて、近郷四五箇村の名とせしが、分郷となりしより後は、この村のみを立石とよべり」と記されている。なるほど、地名の起こりとなった石があるらしい。ところが立石のことを「地上へ顕れたる所わずかに壱尺……石根地中に入る事そのきわまりをしらず」と表現している。地上に出ているのは三〇センチほどだが、根本は際限がないというのだ。これでは立石というより、鹿島神宮の「要石《かなめいし》」のようではないかとおかしかった。

二回ほど訪ねたが、地名とは裏腹に「壱尺」どころか、ほとんど埋もれたような扁平な石でしかなかった。図会には、ごつごつと盛り上がるような岩が描かれているが、刊行されてから二百年近く、すっかり石は埋もれてしまい、立石と呼ばれていた面影はない。説明板には「古墳時代に房総から古墳の石材として運びこまれたもの」とあり、その後古代東山道の目印として転用されたものとある。おそらく、立石と呼ばれるような形状をしていたときもあったと思うが、今は小振りながらも形のよい石鳥居の先に、玉垣で囲まれ、地面より一段低いところにわずかばかり顔を出している。いわば「立石」が埋もれたまま、地名だけが古来の土地柄を語っている。

江戸名所図会の立石　「石質やわらかにしてその色、世間に称する鞍馬石に似たり」とある。

地名といえば、私の在所は山梨県北杜《ほくと》市大泉町で、字名が西井出。近隣の町村が合併して誕生した市だが、それまでは大泉村だった。村名や字名が示すように、八ヶ岳南麓湧水群と呼ばれる湧水が点在しているところで、いかにも水が豊かで、泉がこんこんと湧き出ているような地名が気にいっていた。村とい

立石　小振りな石鳥居の先、玉垣に囲まれた窪地がある。ここにわずかばかり立石が顔を出している。

立石の境内　神社ではなく「祠」と刻まれた石柱。境内というより街中の小さな公園といった趣だ。

う牧歌的な響きも心地よかった。数多くの縄文遺跡が存在するところで、なんでもかんでもくっつけて効率を求める「平成の大合併」という風潮が好きではなかった。しかも生まれた市名が北杜。山梨の北端にある森（杜）という意だと思うが、その二文字から、地域に刻まれた足跡は伝わってこなかった。杜は本来、ヤマナシという樹木を指す言葉だが、町村間の妥協でできた「造語」のようなものと聞いた。足跡を消してしまえばもう戻らない。それでも、大泉や井出という地名は、地霊のように水の恵みを語っている。神は細部に宿り給う……ではないが、いつか土地の足跡が「ホクト」に宿ることを願ってやまない。

81 鉈切と刀切

船越鉈切神社　千葉県館山市浜田三七六

　千葉県館山市の船越鉈切《なたぎり》神社を再訪した。初めて訪ねたのはもう二十年ほど前だろうか。以前上梓した『神々の気這い』でもとりあげたが、当時とあまり変わってはいなかった。県道をはさんで海側に海南刀切《なたぎり》神社が鎮座するが、もともとは同じ神域であり、同じ神を祀っていたと思われる。山側の鉈切神社を上之宮、海側の刀切神社を下之宮と称している。上之宮は海蝕洞窟にトヨタマヒメ（豊玉姫）、下之宮は大きく裂けた岩礁とともに手斧鑿《ちょうなのみ》明神を祭神とする。『安房志』に「古昔この神、上国より船に乗じてこの海浜に来たり、手斧を以て巨岩を鑿開《さくかい》して路を通ず」とあるので、「手斧鑿の神」が古来の土着神だったと思われる。鉈切、刀切と表記し、ともにナタギリと読んでいる神社名が、その名残を留めているように思える。おそらく、黒潮に乗って流れ着いた人びとが切り開いた土地でもあったろう。

　上之宮（船越）への参道は、以前と同じようにその清々しさを保っていた。薄暗い照葉樹林のなか鉈切洞窟への石段がつづいている。説明板には、約六千年前の縄文海進のときにできた海蝕洞窟で、高さ約四メートル、幅約六メートル、奥行約三七メートル、縄文後期から住居として使用され、古墳時代には墳墓として、のちトヨタマヒメを祀る神社として信仰をあつめている……という旨が記されている。普段は洞窟のなかに入ることはできないが、格子の間から本殿を拝することができる。コンクリートつくりの小さな社殿ながら、よく整備されており、奥行きのある洞窟のなかで、青い扉がその存在を訴えている。昭和三十一年（一九五六）に発掘調査がおこなわれたが、注目されるのは、丸木舟を利用した洞窟葬がおこなわれていたことだ。舟葬《しゅうそう》と呼ばれるが、このような葬送は、対岸の三浦半島や伊豆半島など黒潮海流圏にみられるという。

　この洞窟には住民を苦しめていた大蛇が棲んでいたが、その大蛇を手斧鑿の神が一刀両断、切り殺したという伝説が伝わる。鉈切という神社名に繋がるものだが、それを裏付けるように、参道の中ほどに大蛇を退治するため、鉈を砥ぎ、試し切りをしたところ真っ二つに割れたという「鉈砥ぎ石」が存在する。幅は四〇

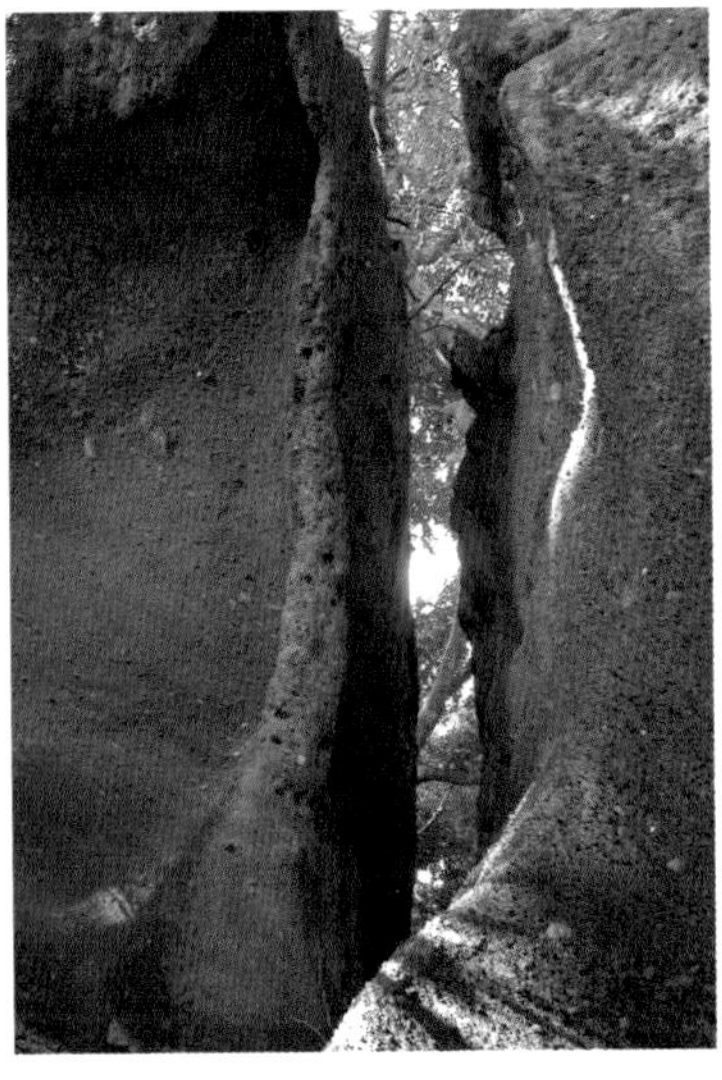

海南刀切神社の岩礁　神さまが手斧をもって切り開いたという岩礁。

鉈砥ぎ石　神さまが試し切りをしたという神社の神体石といえるものだが、参道脇に、さりげなく祀られている。

鉈切洞窟　度重なる地震で隆起が繰り返され、現在は標高25メートルほどのところにある。

センチ、長さは七〇センチほどだろうか。びっしりと苔に覆われ、なるほど真ん中で割れている。「霊石」として祀っているのか、自然石で区切られた一画があり、四隅を簡素な杭で囲み、しめ縄ならぬ鎖が張られている。神籬《ひもろぎ》のような樹木とともに、拝所のようなものも見てとれるが、ちょっと不自然な感がする。もう少し配慮はできないものだろうか。神社にとって、いわば、洞窟と並ぶ信仰の対象でもあるはずだ。祖先が伝えてきた伝承を語り継ぎ、大切に護ることこそ、われわれの責務と思うのだが。

82 秩父皆野町稲穂山

ムクゲ自然公園　埼玉県秩父郡皆野町皆野四〇四八−一

埼玉県皆野町でＮＰＯ法人「和の里みや」を営み、里のハーブや薬草をつかった健康医療の普及活動をしている宇野理佳さんから、友人（長谷川信枝さん）が所有する山林の一部を切り開いたところ、不思議な岩石群が現れたので見て欲しいという問い合わせが寄せられた。「磐座」ではないかというのだ。訪ねてみると、そこは、皆野町の稲穂山《いなほやま》にある「ムクゲ自然公園」と呼ばれる広大な癒しと再生の森だった。

平成八年（一九九六）、稲穂山で円墳が発見された。秩父最古・最大の古墳で、五世紀半ばごろの築造とされている。峰の上につくられているので、自らが開拓した土地を望むところに墳墓を営んだと思われる。とすると、五世紀ごろ武蔵国に先だって置かれた「知々夫国《ちちぶ》」に繋がる可能性が考えられ、初代国造《くにのみやつこ》・知々夫彦命の墳墓かと期待が膨らむが、遺物がなくその確証はない。気になるのは、古墳に連なる蓑山《みのやま》と和銅遺跡の存在。『新編武蔵風土記稿』に「往古和銅をほり出せしは、即此山の内なり」とあり、『続日本紀』元明天皇和銅元年（七〇八）の条には「武蔵国の秩父郡が和銅を献じた」とある。元明はよほど嬉しかったのか、和銅と改元、あわせて税の免除、恩赦などをおこなっている。

稲穂山古墳　秩父最古・最大の古墳。知々夫国初代国造・知々夫彦に繋がる可能性を感じている。

注目されるのは和銅を発見した新羅系の金上无《きんじょうむ》が無位から従五位下に抜擢されていることだ。朝鮮半島からの渡来文化は稲作に始まるようだが、四〜五世紀、多くの渡来人が倭国の建国に大きな役割を果たし、五世紀末にもさまざまな技術集団が渡来している。つまり、和銅が献上される以前から採掘がおこなわれていた可能性も否定できない。この視点にたつと、金上无の系譜と古墳の主が重なるようにも思えてくる。

蓑山へとつづく標高三五〇メートルの稜線上、樹木を切り開いていたら忽然と現れたという。ひっそりと山中に眠っていた岩石群だ。三つの巨石を中心にして大小の岩石が群れ集まり、まるで岩の河のように累々と重なりながら流れ下っている。圧巻といっていい。南に武甲山を拝し、西に両神山、北には宝登山を望む。いわば知々夫国を一望できる「国見」のようなところ、国造の居住地も蓑山の麓にあったと考えられており、国の中心と

三ツ石　三ツ石という字名がのこる場所。久しい間、樹木のなかにひっそりと隠れていた。

もいえるところだ。この巨石に由来するのか、「三ツ石」という字名がのこっており、なにか特別な場所と目されていた歴史を想う。

すでに古墳は皆野町教育委員会が調査を終え、知々夫彦命が眠る可能性を示唆している。ただ、この「神域」のようなところで祭祀がおこなわれていたかどうかは、考古学上の立証が必要だ。が、幻の知々夫国がその一端を覗かせているような佇まい。久しい間、山中に籠っていた巨石群。これから土地の人たちに崇められ、清められながら、「磐座」として神性を帯びていくことだろう。

三ツ石から望む秩父市街　晴れていれば、正面に武甲山を拝する。まるで知々夫国を一望する「国見」のようなところ。

83 秩父神社

秩父神社　埼玉県秩父市番場町一-三

以前、埼玉県皆野《みなの》町の「稲穂山古墳」について調べたとき、被葬者は知々夫《ちちぶ》国の初代国造《くにのみやつこ》とされる知々夫彦ではないかと想いを巡らしたことがある。その想いは今も変わらないが、知々夫彦を祭神とするのが秩父の総鎮守・秩父神社だ。市の中心地に社殿を構え、正面に武甲山《ぶこうさん》を拝し、ハハソノモリ（柞の森）と呼ばれる深い森を背負う。『新編武蔵風土記稿』には「社地一万千四百八十四坪、是を柞の森と称す。杉檜槻の大木多く繁茂し、古社の様思ひ知らる」と描写されている。「母巣の森」とも表記され、神社の起源が武甲山を遥拝する森であったことを想起させる。ハハソはハフリと同一語源で、放るに通じ、死体を捨てた場所、神葬りの意だという。とすると、知々夫国造の奥津城《おくつき》があった可能性も考えられるが、その伝承は見当たらない。

ハハソノモリ　ハハソ（柞）とはミズナラのこと。かつてはブッポウソウの生息地となっていたという。

贅を凝らした神門を入った左側に「神《じん》降石《こうせき》」と呼ばれる赤紫色をした巨石がドーンと座っている。家内が「亀の頭のようだ」と言っていたが、見る角度によっては、巨大な亀がうずくまっているように見える。湿気が高いときは紅色を呈し、水滴をつけるため「生き石」と呼ばれているらしい。高さ約一・五メートル、周囲約四・五メートルだという。社殿のなかった太古、鬱蒼とした樹林の中に、汗をかいたような赤い巨石が鎮座する。まさに自然崇拝の原点のような光景が現出していたと想像する。この巨石の前で武甲山を拝し、神霊を招いたのだろうか。

　さて久しい間、気になっていることだが、秩父神社を想い描くとき、つい腰が引けるのは、武甲山の「姿」だ。西の伊吹山とも重なり、写真を撮るのもためら

秩父神社の神門　神門の先には、徳川家康が再建したという豪華な彫刻で覆われた社殿が見える。

神降石　小雨の後に訪ねたこともあり、しっとりと湿り気があり、伝えられる通り、紅色を呈していた。

うほど、その山容に胸が痛む。「神の山」を爆破し、姿を変えることが許されるのか、という戸惑いとやるせなさが去来する。にもかかわらず、大規模な反対運動が起きたという記録はない。郷土の霊山が「白いピラミッド」と揶揄《やゆ》されるほどむき出しになっていくにもかかわらず、なぜだろうか。石灰岩採掘のため一三三六メートルあった標高が、四〇メートルも頂上を削られたという。

　が、山を削ること自体で住民の健康が害されたということはなかったという。逆に、繊維産業が衰退するなかで、セメントが秩父を救ってくれた……。けっしていい気分ではないが、許容できる範囲の変化、そうとらえたのだろうか。想うに、セメントによって恩恵を受けているという、いわば神さまの「恵み」だったのかもしれない。ただ拝むだけではなく、生活のために利用される山へと変容していった経緯をここにみる。これも地域と共存する新しい神体山の「ありさま」なのかとも思うが、モヤモヤとした感覚はぬぐえない。

84

岩神の飛石

岩神の飛石　群馬県前橋市昭和町三-一二九-一

初めて「飛石」という名を耳にしたとき、火山噴火による噴石だろうと思っていた。群馬県前橋市の岩神稲荷神社の神体とされる「岩神の飛石」のことだ。事実、過去の由緒をみると、赤城山の噴火によって飛来したとも考えられていたようで、ゆえに飛石と名付けられたと記録にのこる。周囲約六〇メートル、高さ約一〇メートル、埋もれている部分も約一〇メートルだという。はたしてこれだけの岩塊が噴火とはいえ、ここまで飛んでくるものかと調べてみると、大きな噴石はせいぜい火口まわり二～四キロほどしか飛ばないらしい。この飛来説以外にも赤城山や浅間山からの流出説などがあり定まってはいなかった。こうしたモヤモヤとしたわだかまりは地元にもあったようで「本当はどこから来たのか」という調査が、平成二十五～二十七年（二〇一三－二〇一五）にかけておこなわれた。

説明板によると、「調査の結果、浅間山からのものであることが判明した」と記されている。浅間山が二万四千三百年前の噴火で大崩壊、土石流が吾妻《あがつま》川を流れ下り、さらに渋川市付近で利根川に流れこみ、前橋や高崎の一部を含む「前橋台地」を形成したときに押し流されてきたものだという。飛んできたのではなく、浅間山からはるばると運ばれてきたということがわかったのだ。総重量は、二〇九八トンと推定されている。それにしてもと思う。おおまかな計測だが、浅間山から吾妻川、利根川を経由して前橋までゆうに六〇キロはあるだろう。感覚的な想いだが、それだけの距離を周囲六〇メートル、二〇〇〇トンもの岩塊が流されてくるだろうか。天変地異とはいえ、ちょっと「無理」があるようにも思えるが、それ以上のことはわからない。

稲荷神社とあるが、「上野《こうづけ》厩橋《うまやばし》（前橋）藩の初代藩主酒井重忠公が、巨岩に稲荷大神を勧請したことが始まり」と由緒に記されている。岩神に稲荷神が習合したという姿だろうか。各所にひび割れがあり、岩石を積み上げたようにも見えるが、一体の岩塊であることがよくわかる。ぐるりと回ると、巨大さに圧倒されながらも、歩を進めるたびに千変万化の様相を呈する。赤みを帯びていることから「赤石」とも呼ばれるが、血の色を想像させるのか、江戸期に編纂された『前橋風土記』には「石工之を摧《くだき》て、造屋

飛石に祀られた稲荷神　石の基部には石祠とともに多くの狐が祀られている。

岩神の飛石　大きく三つに割れているようにみえるが、角度を変えると社殿が隠れてしまうほどの巨大さだ。

の用に充てんと欲す。石中声有り、人の号ぶが如し。濃血流れ走る。石工四肢麻痺し両目眩暗して倒れ死す。故に土人相尊んで神と称す」と記されている。石工がノミを打ち込んだところ、石の中から叫び声が聞こえ、血が噴き出したというのだ。まるで怪談話のようだが、ここでは岩神そのものが、いわば生身の人間のように描かれている。にもかかわらず「土人相尊んで神と称す」というところが岩神に対する「畏れ」を表しているようで興味深い。

稲荷神社と飛石　赤土と呼ばれる関東ローム層が形成された時期に噴出した石とされる。

85 日光東照宮・神橋

神橋　栃木県日光市上鉢石町一一一二

日光を開山した勝道《しょうどう》上人は、日光山内を区切る大谷川《だいやがわ》を渡るときに難渋した。谷が深く激流のため渡れないのだ。そのとき対岸に深沙大王《じんじゃ》があらわれ、赤と青の蛇をからませ、そこに山菅《やますげ》を生やして虹のような橋をかけ、上人の渡岸を助けたという。そのために、蛇橋《じゃばし》とか山菅橋とも呼ばれているが、神橋《しんきょう》の原形とされる橋のことだ。対岸に渡った勝道は、大谷川近くの丘上に草庵を建て「四本《しほん》龍寺《りゅうじ》」を創建する。これが日光発祥、開山の紀元とされている。

かつて、神橋近くの上流に、勝道が座して修行をおこなったという巨岩があった。高座石《こうざいし》と呼ばれているが、今は埋もれて見ることができない。明治九年（一八七六）に記された『上野下野道の記』には、「大谷川の中に大岩あり、此の石は開山（勝道）坐して行をなされし故、高座石と云ふ。洪水にても流るる事なしと云ふ」とあり、明治二十年刊行の『日光山小誌』には、神橋より二十間ほど上流に高座石があり、ここには鼻突石と讀《どく》誦《しょう》石と称する奇石もあったが、貞享の洪水で三石共に埋れて見えなくなり、その後、元禄の洪水でふたたび高座石だけが現れた……という旨が記されている。洪水でも流れないとされながら、その後洪水で埋もれ、再度洪水で姿を現したという高座石だが、今はまた、その姿を隠している。明治三十五年（一九〇二）の洪水でふたたび埋没したのだ。この時の洪水は未曽有なもので、鬼怒川上流で山津波が発生、男体山中腹の崩壊で土砂が中禅寺湖へ流れ込み、大谷川は大洪水となり、神橋が初めて流失したと記録にのこる。

神橋の長さは二八メートル、幅七・四メートル。水面からの高さは一〇・六メートルだという。野太い木製の橋ながら、江戸期に改修された切石製の橋脚が堅牢さを示し、弧を描くような優美な曲線と上品な朱色が周りの景色に映え、美しさを際立たせている。神事や将軍社参、天皇の勅使などが日光山内に向かうときにのみ使用されたという「神の橋」だ。

神橋を渡ったすぐ近く、観音堂と三重

紫雲石　日光開山の原点ともいえる「霊石」だが、五角形の石組のなかでひっそりと歴史を語っている。

神橋と大谷川　勝道上人が架けたことが起源とされるが、はっきりした記録はないらしい。日本三大奇矯のひとつ。

塔がのこるのみだが、勝道が創建した四本龍寺の旧跡がある。ここに二荒山《ふたらさん》を遥拝していたときに紫の煙が立ち昇り、二荒山の方向にたなびいたと伝わる「紫雲《しうん》石《せき》」が苔むしている。この一画こそ、いわば、日光開山の原点であり、聖地といえるところだが、まるで時間が止まったかのように、石仏に見守られながら神寂びている。境内には日光修験の痕跡を示す護摩壇跡もあり、山岳信仰の名残が色濃く漂う。訪ねる人もほとんどなく、心穏やかに「霊性」を感得できるところといっていいだろう。

護摩壇跡　観音堂の傍らには石の護摩壇跡があり、正面には不動明王が立っている。

86 蚕影神社の蚕種石

蚕影神社　茨城県つくば市神郡一九九八

『古事記』のオオゲツヒメ（大気都比売）の条に、乱暴狼藉を働いたスサノオ（須佐之男命）が高天原を追放され、オオゲツヒメに食べ物を乞う場面がある。オオゲツヒメは、鼻・口・尻から美味しい食べ物を取り出して差し出すが、スサノオは食べ物を穢《けが》していると怒り、非情にもオオゲツヒメを殺してしまう。すると、殺されたヒメの頭からカイコ（蚕）が生まれ、目から稲の種、耳から粟、鼻から小豆、陰部から麦、尻から大豆が生まれる。五穀の起源とされるものだが、神さまの優先順位を示しているのか、五穀より先に頭からカイコが生まれたというところが意味深い。

　カイコを育て繭《まゆ》をとる養蚕《ようさん》は、今から五千年ほど前に中国で始まったとされるが、日本には紀元前二百年ごろ、中国からの渡来人が稲作とともに伝えたといわれている。が、神話の世界ではオオゲツヒメの頭から生まれたことになり、さらにいえば、金色姫《こんじきひめ》伝説という言い伝えも存在する。天竺の姫さまが継母に殺されそうになったため、桑の木でできた船で逃げ、常陸の国にたどり着いて、権太夫という夫婦に助けられ、大切に育てられたが病で亡くなる。やがて姫は棺《ひつぎ》のなかでカイコとなり、繭となった。筑波山の神から糸を紡ぐ技を教えられた夫婦は、その繭から糸をとり、糸を織って布にすることができた……という話だ。この伝説が、日本における養蚕の始まりとされている。

　その養蚕の始まりを誇る神社が筑波山の麓に鎮座する。蚕影《こかげ》神社だ。神額に「蚕影山」とあり、屋根の鬼飾りと呼ばれる部分には「蚕」の文字が大きく並ぶ。参道入り口の由緒板には、この神社が養蚕信仰の本山であり、それゆえ「日本一社」と名乗っているという旨が記されている。

　ただ、養蚕信仰の「本山」は荒れていた。養蚕業の衰退を示すように社殿や絵馬堂はなかば崩れ落ち、参道は枯草と落ち葉に埋もれていた。参拝者が来ていないという現実とともに、荒廃の陰が色濃く漂う。社殿の左側に蚕の病を防ぐと伝わる「蚕種石《こだねいし》」と呼ばれる石があるのだ

蚕種石　最盛期、農家の4割が養蚕をおこなっていたという。参拝者はこの石を削り、蚕室に飾った。

蚕影神社の鬼飾り　蚕は天の虫と書く。大正から昭和初期、繭を売って軍艦を買ったといわれるほど養蚕が盛んだった。

蚕影神社境内　鳥居の先に社殿が見えるが、荒れ果て、半ば崩れ落ちていた。

が、それと思しき石も苔むし、落ち葉の中にぽつんと忘れられていた。説明板もなにもない。この石を削り、石粉を蚕室に飾るとネズミの害を防ぎ、子孫繁栄とともにカイコが無事成長すると信仰された「霊石」だが、その面影はもうない。削り跡を覆いつくすほどの苔が、そのまま養蚕の衰退を示しているようで、信仰の虚しさといったものが伝わってくる。ひとたび、ご利益を求める人がいなくなるとこうなるのか、という想いが強い。まるで廃墟のような境内だが、その荒れ寂びた風情が蚕影神の「今」を語っているようで心に沁みた。

87 水戸黄門と岩石崇拝

陰陽神社　茨城県常陸大宮市山方四九二七

山梨県に在住する者として、最も頻繁に出会う歴史上の人物は武田信玄だが、茨城県においてはやはり「水戸黄門」こと徳川光圀《みつくに》だろう。水戸藩の二代藩主であり、地元では、七十三歳で没するまで殉死の禁止、『大日本史』の編纂、社寺改革などに尽力した「名君」として慕われている。「黄門さま」という愛称で知られるが、調べていくと磐座を含む神道にも大きな影響を与えた人物であることが浮かび上がる。光圀は『大日本史』の編纂などから「水戸学」の創始者と考えられているが、その基層を流れているのは、「天皇に対する絶対的な忠誠」とされる。御三家のひとつである立場を想うとなんとも危険な思想ともいえるが、それが許されるというところが、光圀たる由縁ともいわれている。なぜか。いくつか説があるが、徳川幕府の「保険説」といわれるものがおもしろい。つまり、徳川家存続のために、御三家のひとつに天皇家の「血」を入れておき、いざというときの「保険」にしたというものだ。その血を入れたのが水戸家だったという。事実、光圀は皇族ともいえる関白近衛家から泰姫《たいひめ》を妻に迎えている。

　さて、光圀がおこなった社寺改革だが、お抱え医師だった井上玄桐《げんとう》が記した『玄桐筆記』にその概要をみることができる。「神道ハ神道、仏道ハ仏道、修験ハ修験、各々其道を専にして他を混雑せざれと教へ給ふ」というものだが、各々その分を守り、純正を保て……といっている。あるべき姿に「再生」させるという名目ながら、寺院においては、二〇八八寺のうち一〇九八寺を破却。神社では一村一社制を徹底し、神仏習合色の強い神社は仏教色を払拭させるか破却した。さらに、仏像を神体とする神社から大半の仏像が追放され、幣・鏡・石といったものに替えられている。殿さまとはいえ、神社の神体を入れ替えるということまでやっているのだ。

　そうした光圀が巨岩を神体とした神社を創建している。ところは、常陸大宮市の陰陽山。標高二三三メートルの岩山で、頂上付近に陰陽神社が鎮座する。ことの起こりは、三十四歳で藩主になったとき、巡視中に二つの巨岩を望み、登山して確

陰陽神社　小振りな社殿の前に短足胴長の狛犬。珍しい姿をしているが、まるでイタチのように見える。

認、感動して祀ることを思い立つ。さらに、六十三歳で隠居したときに再び山に登り、陰陽石と名付けた……というものだ。陰石の高さ約一〇メートル、陽石は約九メートルとされている。

が、東日本大震災により陰石が崩落、以来、あまり手入れもされていないようで、訪ねたときは木々に覆われていた。かろうじて裏側から陽石を垣間見ることができるが、往時の面影はない。展望台がある頂上部分には磐座を想わせる露岩が群れており、晴れた日には筑波山を望むことができるという。奇しくも光圀が藩主になった年と隠居した年、二度も登って拝したという陰陽石。光圀の岩石崇拝への想いをここに観る。

陰陽石　陰石が東日本大震災で崩落したため、陽石だけが往時の姿を留めている。

陰陽山頂上の石組　陰陽山の頂上に露頭した石。光圀はここから筑波山を眺めたのだろうか。

88

石が寂びるという魅力

八ヶ岳の庭　山梨県北杜市大泉町

　雨あがりの匂いがする石が好きだ。苔むし、寂びてきた石がたまらなく好きだ。水気をたっぷりとふくみ、命がきらきらと輝いているような深い緑、深呼吸したくなるような爽やかさ、そうしたもろもろの風情が好きだ。久しい間、「磐座」という岩石崇拝を追いかけてきたが、今さらながら石そのものが好きなのだと自覚する。で、石のなにがこうも惹きつけるのか。よく石の永遠性という表現に出あうことがあるが、不変ながらも、時とともに風化していく過程に魅かれるのだと思う。掘り出した石もやがて肌合いが変わり、ところどころ苔むしてくる。数年も経つと全体が苔に覆われる。人の命の有限さを思うにつけ、そうした「時のつみ重なり」がしみじみと心をうつ。時と自然が、ゆっくりと、育むように石の美しさをつくりだしていく。

　庭師の話によると、寂びた石のことを「ジャグレ石」というそうだ。水石《みずいし》の鑑賞などにつかわれる用語のようだが、風化などによって生じたざらざらとした凸《おう》凹《とつ》のある石の表面、肌合いなどを表現する言葉として使われている。「仙境の風情」などという表現もみられる。俗にいう「さび」に通じるものだと思うが、枯れるという味わいではなく、深々《しんしん》と心に沁みてくる石の風趣、いぶし銀といった感覚だろうか。時間《とき》と自然が奏でる魅力とでもいうのか、そうした石はただそこにあるだけで愛おしい。

　八ヶ岳の山中に庭をつくり始めて二十年以上たつ。磐座を訪ねる旅のおり、各地の庭を見てきたが、作庭の拠りどころはやはり自身の「好み」でしかなかった。心がけたことは、起伏に富んだ地形と現存する雑木林を生かした庭……、という一点だった。材料はほぼ敷地から出てきたものでまかなうことができた。薮のように荒れていた土地は、大小の石がごろごろと転がっていた。どこを掘っても石が出てきた。石好きの身にとっては、願ってもない環境ともいえたが、庭にする

表情豊かな立石　角度によって、笑っているように見えることがある。据えたばかりだが、もう苔むしてきた。

には想像以上の労力と時間が必要だった。出てきた石はできるだけその場所に据えることを心がけた。あるがままに、という想いからだが、その過程がまた心地よかった。

自身で動かせる石の重さは一〇〇キロほど。それ以上になると庭の師匠でもある「作庭処・川口」の川口さんの力を借りた。が、ひとりで石の向きを決め、動かし、据えているときの快い緊張感は言葉にならない。半ば埋まっている石は可能な限り顔を出してやる。顔を出した石は、風雨にさらされながら、森の香気を浴び、樹木が育つように肌合いを変え、苔むし寂びてくる。それがまたなんともいえず味わい深い。想えば、そうした日々を過ごしてきた。七十五歳をむかえる冬、あと何年できるだろうか。そう考えながら、今日も「ヨタヨタ」と石と向きあう。

苔むした石と岬灯篭　ずいぶん前に据えたものだが、岬灯篭が苔に映えている。

姿の良い巨石　据えてから15年ほど経つが、変化に富んだ造形をしており、その寂びた佇まいが気にいっている。

Ⅵ 東北・北海道

⑧⑨ 観世寺（福島県）
⑨⓪ 湯殿山神社（山形県）
⑨① 伊勢堂岱縄文館（秋田県）
⑨② 大湯環状列石（秋田県）
⑨③ 沖の石（宮城県）
⑨④ 達谷窟（岩手県）
⑨⑤ 毛越寺庭園（岩手県）
⑨⑥ 大石神社（青森県）
⑨⑦ 恐山菩提寺（青森県）
⑨⑧ 瓶子岩（北海道）
⑨⑨ チャランケ岩（北海道）

下北半島・仏ヶ浦（青森県）

89

安達原の鬼婆伝説

観世寺　福島県二本松市安達ケ原四－一二六

久しい以前から、鬼婆《おにばば》が住んでいたという岩屋が気になっていた。身の毛がよだつような伝承とともに、鬼婆が住んでいたというからには、さぞかし怪異で鬼気迫るような岩窟……と想像していたからだ。が、伝説地（観世寺）訪ねると「笠石」と呼ばれるように、岩屋というより、雨宿りができる程度の空間でしかなかった。ところは、福島県二本松市の安達原《あだちがはら》。しかし、ある意味期待外れながらも、笠石にまつわる鬼婆伝説は、人間のもつ根源的な業《ごう》の深さを鮮やかに映し出しており、怪奇さとともに、人間のむごたらしさが胸に突き刺さる。いわば、人が畜生にも、鬼にもなるという目と耳を覆《おお》いたくなるような物語だ。

公家に奉公する岩手という乳母が育てていた姫が重い病にかかり、「妊婦の生き肝《きも》をのませれば治る」と告げられる。岩手は生き肝《ぎも》を求めて安達原の岩屋にたどり着く。そこに臨月の妻を伴った夫婦が宿を求め、産気づく。岩手は、夫が外に出たすきに妊婦の腹を裂き、生き肝を取り出す。息絶えた妊婦のお守りをみると、生き別れた娘であることを知り、自らの業にもだえ狂い、鬼と化す。以来、宿を求めた旅人を殺しつづけ、「安達原の鬼婆」として知れわたる……。

なんとも凄まじい話だが、安達原・観世寺に伝わる鬼婆伝説だ。手元にある辞書で「鬼」のキーワードをみると、化け物・無慈悲・冷酷・恐ろしいという言葉が並ぶ。でも、化け物以外は、すべて人間にも当てはまる言葉ではないか。ここにいう鬼婆も、姫の病を心配する心優しいひとりの女だった。姫を救うためとはいえ、実の娘を殺した母として「もだえ狂う」という悲惨さも、生身の人間そのものといっていい。『日本民俗事典』には「空想上の怪物として擬人化されたもの」とある。鬼とはやはり人なのだ。仏教に、「みな人の心の底の奥の院、探してみれば本尊は鬼」という歌があるが、鬼とはいわば人の心を映しだす鏡のようなものかもしれない。

観世寺のすぐ近く、阿武隈川の堤防脇に鬼婆を埋葬したという黒塚がある。謡曲「黒塚」の題材となったところだが、土饅頭のような小さな円墳に杉の古木が窮屈そうに根を張っている。ここに我が子の腹を裂き、罪の重さに耐えかね、鬼婆と化した哀れな老女が葬られているという。考えてみればこれほど残酷な話があるだろうか。知らぬこととはいえ、乳母として育てていた姫を救うために生き別れた娘を殺し、果ては鬼婆となって旅人を殺しつづける。悲劇が悲劇をよび、さらに悲劇が重なるような老女の末路。人は誰もが鬼になりうるという「心の底の奥の院」を覗くような話だが、さて、あなたの心の底には、どんな「本尊」が鎮座しているのだろうか。

観世寺の笠石　境内にはこのほか、安堵石、夜泣き石、祈り石など、オドロしい巨岩が群れている。

笠石の岩塊　もとは巨大な岩塊だったと思われる。永年の風雪でひび割れ、このような奇岩になったのか。

黒塚　鬼婆を埋めたという円墳状の塚。古木の傍らには黒塚と刻まれた石碑と歌碑が立っている。

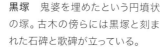

90 湯殿山と剣の権現

湯殿山神社　山形県鶴岡市田麦俣字六十里山七

森敦は芥川賞を受賞した『月山』で、「月山はこの眺めからまたの名を臥牛山と呼び、臥した牛の北に向けて垂れた首を羽黒山、その背にあたる頂を特に月山、尻に至って太ももと腹の間の陰所《かくしどころ》とみられるあたりを湯殿山といい、これを出羽三山と称するのです」と表現している。松尾芭蕉は『奥の細道』に「此山中の微《み》細《さい》、行者の法式《ほっしき》として他言することを禁ず」と記し、語られぬ湯殿にぬらす袂かな……という句をのこしている。森敦が陰所と表現し、芭蕉が、涙がでるほどありがたいと詠んだ湯殿山に触れてみたい。

陰所と表現され、「語られぬ湯殿」と詠われた湯殿山。そう記される由縁は、熱湯が湧出する赤い巨岩にある。この「赤い霊巌」が湯殿山神社そのものであり、社殿はない。湯が湧きでる赤い巨岩のぬめぬめとした感触、古代人はその官能的ともいえる有りように驚き、語ることすら畏《おそ》れ多いと思ったのだ。まるで大地から湧きでるような精気のほとばしり。磐座信仰の古態を今に留めるものだが、おそらく、この霊巌が出羽三山の原点だったのではないだろうか。出羽三山の「奥の院」といわれる由縁だ。ただ、その艶な姿を紹介することはできない。撮影禁止となっているからだ。しかし驚くなかれ、「御祓料」五百円を納めると霊巌を裸足で登ることができるのだ。そうした参拝ながら、写真を撮ってはいけないという。とはいえ、調べている過程で多くの「語られぬ湯殿」を紹介する写真と出会った。某大手出版社の『奥の細道』案内本には、なぜか見開き扱いで写真が載っている。が、その経緯はわからない。いや語ることができない。

陰所といえば、駐車場から神社に向か

湯殿山神社　残雪が残る山肌に真っ赤な両部鳥居が映える。それにしても大きい。

剣の権現遠望　まるで、権現と呼ばれる場所だけ削り出したような湯殿山の光景。

う途中、巨大な赤い鳥居の背後に異様な山肌が見えてくる。「剣の権現」と呼ばれるが、赤い霊巖さながら、むき出しとなった茶褐色の断崖が妙に艶《なま》めかしく、雪解け水が滝となって流れ落ちていた。

仙人沢と呼ばれるが、梵字川をはさんで相対する山を仙人岳といい、中腹には修行の場となった洞窟があり「女人権現」として拝されていた。いわば陰陽和合の形ともいえるが、私には剣の権現そのものが巨大な女陰に想われた。

今東光が『奥の細道』で、「湯殿山は昔から恋の山という異名がある。想うに古くから生殖崇拝の習俗があり、この山の行事は淫らなものであったと想像される」と書いている。修験道では修行の意味づけを男女和合であらわすことが多く、まれに「左道」すれすれの修法がおこなわれたというから、そうしたこともあったのかもしれない。赤い霊巖もさることながら、剣の権現もまた、別の意味での奥の院であり「かくしどころ」だったのではないだろうか。

湯殿山・剣の権現　むきだしの山肌、熱湯が湧き出る赤い霊巖。仙人沢付近は神秘に満ちている。

91 二つの岩偶

伊勢堂岱縄文館　秋田県北秋田市脇神字小ケ田中田一〇〇－一

世界文化遺産に登録されることが決まったばかり。北秋田市の伊勢堂岱《いせどうたい》遺跡の縄文館に、縄文晩期とされる二つの岩偶《がんぐう》が展示されている。ひとつは「藤株《ふじかぶ》遺跡」から出土したもので、かすかに口を開け、目を閉じて眠っているような表情をしている。安らかで穏やかな顔だと思う。もうひとつは、「笑う岩偶」と呼ばれているもので、愛嬌ある表情から「がんたくん」と愛称され、いまや北秋田市のシンボルのような存在として知られる。

平成四年（一九九二）十月二十五日付の朝日新聞に、「なぜ笑う縄文岩偶」という記事が載った。「白坂《しろざか》遺跡」から、まるで笑っているような岩偶が出土したのだ。記事には考古学者の意見が載っており、三叉紋《さんさもん》という呪術的な文様の指摘とともに、「土偶は女、石製品は男がつくるのが普通であり、この岩偶も男がつくったもの」、「縄文の神事芸能では、神のまじめな顔、人を笑わせる顔、ヒステリックな顔の三種の土面が使われたが、この岩偶は陽の力を呼ぶ笑いの仮面」という二つの意見が興味を引いた。でもなぜ石でつくられたのか。そこがわからない。縄文館で学芸員の方にも聞いてみたが、数が少なく、顔であることはまちがいないが、なぜ石なのか、まだ定説はないという。

考古学の辞典をみると「土偶に比して簡素な表現をなす」とあり、土偶と同じ意義をもつと記されている。いずれも限られた地域のみに存在し、出土数は極めて少ないという。その代表例といえるものが「笑う岩偶」だと思われる。しかし、この岩偶は、はたして笑っているのだろうか。梅原猛は『縄文の神秘』において、「土偶は死者を表現した像」と言っている。そうなのであろう。私には、この二つの岩偶が穏やかな死期を迎え、まるで微笑んでいるような死に顔（デスマスク）のように想えてくる。去り行く人への思慕なのか。穏やかでゆったりとした表情、眠るが如く、微笑むが如く、大往生といった雰囲気を宿す。死期が近づいた老人の顔を表して「のんのんさま」と表現をすることがあるが、この岩偶たちもまた、すでに神や仏ともいえる域に達し、彼方から子孫を見守るような「温顔」になっているように見えてくる。

さて、笑う岩偶……。「オバQ」に例えられる大きな口とダンゴ鼻、下膨れた顔の「男」がニヤリとした表情でこちらを見つめている。どこかで見た顔だと思いながらカメラを向けると、なにか語りかけてくるようでドキリとした。笑いの奥に潜む緊張感、さしずめ「陽の力を呼ぶ仮面」の意かと思うが、なぜ石なのかという疑問はつきない。が、どうも「石は男がつくるもの」というところに答があるように思える。三千年の眠りが覚めることを願ってやまない。

笑う岩偶　笑うような表情から「がんたくん」という愛称をもつ。北秋田市のマスコットのような存在に。

伊勢堂岱遺跡　標高45mの台地上に位置する。全国でも例がない4基の環状列石をもつ祭祀遺跡だ。

もうひとつの岩偶　なんのためにつくられたのか。少し口を開け、眠ったような穏やかな顔。

92 大湯環状列石と安久谷川

大湯環状列石　秋田県鹿角市十和田大湯字万座四五

世界文化遺産に登録されることが決まった秋田県鹿角《かづの》市の「大湯《おおゆ》環状列石」。大湯ストーンサークル館の最新のガイドブックによると、列石は約八千五百個の石でつくられ、そのうちの六割ほどが安《あ》久谷川《くやがわ》から大湯川に流れ出た石だという。しかも石の大きさからしてすぐ近くの河原ではなく、遺跡から二～四キロ上流と考えられている。なぜ大湯の縄文人は遠くから石を運んだのか。なぜ安久谷川の石でなければならなかったのか。以前、『磐座百選』でもとりあげたが、環状列石を取材したときの素朴な疑問だ。石の下には遺体が埋葬され、列石は墓の上につくられた目印だというが、この石でなければならなかった「こだわり」とはなんだろうか。

　安久谷川の石は、石英閃緑玢岩《せきえいせんりょくひんがん》と呼ばれるものだという。マグマが地下の深いところでゆっくりと冷えて固まった深成岩で、滑らかな石の肌をしており、硬くて重く、淡い灰緑色《かいりょくしょく》で、水に濡れると緑色を発することが特徴とされている。列石は二百年間にもわたってつくられたというが、重さは平均すると三～四〇キロ、なかには二〇〇キロを超えるものもあるという。大湯の縄文人は、長い間、これだけのものを営々と運んできたのだ。この石のなにが縄文人を惹きつけたのか。いわば、岩石崇拝の根源に迫るようで興味がつきない。

　ともあれ、安久谷川と安久谷川が大湯川に合流する辺りに行ってきた。写真は合流地点の河原と環状列石の一部を撮影したものだが、河原に群れる石が、なぜか配石遺構と重なるように想えた。どこか雰囲気が似ている。大湯の縄文人は、こうした河原から緑色をした石を探し出し、亡き人にふさわしい形と大きさの石を選んだのだろう。でもなぜ、緑色の石にこだわったのか。そう考えるだけでも、四千年前の縄文人に触れるようで心がときめく。

　感覚的な想いながら、大湯縄文人の鑑識眼のようなもの、美意識を思わずにはいられない。近しい死者を弔うためには、どうしてもこの「緑の石」でなければならなかったのだろう。そこに強い「こだわり」を感じる。わざわざ遠くから、同じ色をした石を同じ場所から、二百年もの間、何代にもわたって運んできたとい

大湯の列石群　配石の組み方はさまざまで、円形や方形、ひし形のものまであるという。

大湯川と安久谷川の合流地点　ここは環状列石から5キロほどのところ、こうした河原から石を運んだのか。

う事実がそれを語っている。理屈ではない。「この石なら亡き人が喜んでくれる」という極めて情緒的で素朴な想いだったろう。滑らかな石肌、硬くて重く、水に濡れると命が輝くような緑色に変化する。まるで祈りを捧げる儀式に用いられた緑のヒスイと重なるようだが、そうしたごく自然な「祈り」のようなもの、それが環状列石の基層を流れているように思える。大湯の縄文人はどういうわけか緑の石が好きだった……。

日時計状組石　日時計かどうかは定かではなく、影の角度や長さで季節を知ったと考えられている。

93 沖の石

沖の石　宮城県多賀城市八幡二－一九

山本周五郎の歴史小説に『樅《もみ》ノ木は残った』という長編がある。五十五歳という、まさに円熟期に紡ぎだされた代表作で、質量ともに読み応えがあった。仙台藩の三代藩主・伊達綱宗のときに起こったお家騒動（伊達騒動）を題材にしたもので、従来逆臣とされてきた原田甲斐《はらだかい》を主人公とし、幕府による取り潰しから藩を救う忠臣として描き直している。初めて読んだのは二十五歳のころだが、壁に突き当たるたびに読み返してきた「座右の書」のような存在だった。

このころの伊達家は、政宗の末子・宗勝も生存しており、まだ藩の基盤も固まらず、六十二万石という大藩ゆえに幕府から干渉を受け、騒動の種には事欠かなかった。取り潰しは免れたが、綱宗は二十一歳で隠居させられ、二歳の長男（綱村）に家督を譲るという裁決だった。騒動は綱村が幼少という間隙を縫って起きた事件ともいえるが、その反動なのか、綱村は長ずるにおよんで、人材の登用、養蚕や塩田の開発、寺社の造営など藩の振興に努め、中興の主と仰がれた。が、皮肉にもこれらの改革が財政を圧迫、四十四歳のとき、父と同様、一族の反発で隠居する羽目になる。

綱村がすすめた藩政で異色とも思えるものがある。藩祖・政宗に端を発する名所旧跡整備と称されるもので、とくに藩をあげて取り組んだ歌枕の地再発見と保護が知られている。よく紹介されるのは、海岸近くにありながら「けっして波（津波）が越えることはない」と『古今集』や『百人一首』などに詠まれた多賀城市の「末の松山」だが、今は二本の老松がのこるのみ。その麓に今回紹介する「沖の石」が存在する。『千載和歌集』に載る「わが袖は　しほひにみえぬ　沖の石の　人こそしらね　かわくまぞなき」という二条院讃岐の歌などで知られる。

沖の井、興井とも表記されるが、野本寛一氏は『神々の風景』で、井は、井戸をさす場合が多いが、ときには水を意味し、水源地としての意をもっと記してい

末の松山　和歌に詠まれてきた通り、先の大震災でも津波はこの山を越えることはなかった。

沖の石　近づいて見ると、盛り上がるような岩石が連なり、その迫力に圧倒される。

住宅街に囲まれた沖の石　東日本大震災のときには、ここも2メートルの津波が押し寄せた。

る。由緒には、「綱村は地元の有力者を奥井守《おくのいのもり》に任命し、諸役を免除する代わりに興井を手厚く保護させた」とある。過去の文献をみても「池」という表現がみられ、湧水による池であったと考えられる。諸役を免じてまで守る井という表現に、歌枕だけではない沖の石の存在が視えてくる。かつてはここまで海だったというが、現在でも海から一・五キロほど、先の大震災のときには二メートルほどの津波が押し寄せている。ということは、海岸近くに湧く貴重な水源だったことが想像できる。しかも、池の中には巨大な奇岩が、むくむくと盛り上がるように横たわっている。必然、信仰の対象となったであろうと想像される。綱村が任命した奥井守は、貴重な水源と沖の石を祀る神官でもあったのではないか……。そう、沖の石は「磐座」だったのだ。

94 日本最北の摩崖仏

達谷窟　岩手県西磐井郡平泉町平泉字北沢一六

岩手県平泉町の中心部から太田川を六キロほど遡ったところに、達谷窟《たっこくのいわや》と呼ばれる史跡がある。東西約一五〇メートル、高さ三五メートルほどの断崖に穿たれた岩窟で、ここに懸崖造《けんがいづくり》の毘沙門《びしゃもん》堂が建っている。崩れやすい岸壁のためか、岩窟そのものは浅くなっており、朱色の堂が張り付き、まるで食い込んでいるような感じをうける。平安の初め、この地を支配した蝦夷《えみし》の首領・悪路王《あくろおう》が住んでいたと伝わる岩屋で、あの坂上田村麻呂が悪路王を滅ぼしたおり建立、毘沙門天を安置したことが始まりとされている。今まで野火のため二度ほど焼失したというが、現在の堂は昭和三十六年（一九六一）に復元されたものだ。

　毘沙門堂を出て奥へすすむと、岸壁が途切れる辺りに巨大な顔が浮き出ている。探さないとわからないほど崩落がすすんでいるが、かつては一六・五メートルの摩崖仏だったという。「岩面大仏」と呼ばれているが、大日如来とも阿弥陀如来ともいわれ、日本最大級、北限の摩崖仏とされている。が、今はわずかに顔の部分をのこすのみだ。その顔も長年の風雪で摩滅、上部が大きく欠けており、崩れ去るのも、時間の問題かもしれない。田村麻呂が彫ったとか、源義家が弓弭《ゆはず》で刻んだとも伝承されているがその真意はわかっていない。

達谷窟　田村麻呂が建立したという京都の清水寺に因むのか、朱塗りの懸崖造が岸壁に映えている。

　じつは源頼朝も、奥州藤原氏を滅ぼして鎌倉へ帰るおりここを訪ねている。『吾妻鏡』には、達谷窟を「田谷窟」とし、「賊主悪路王並赤頭等、塞を構えるの岩室也」と記している。ここにいう賊主が、悪路王の初見だというが、田村麻

毘沙門天王護国之寺　達谷窟毘沙門堂。今まで何度も焼失し、その都度再建され、現堂は5代目だという。

岩面大仏　巨大な顔だけのため、「顔面大仏」と呼んだほうがいいかもしれない。

呂に征服されたアテルイ（阿弖流為）のことだとする説がある。どうも悪路王の背後には田村麻呂の姿がちらつく。まるで光と影のようなものだ。思えば長い間、毛人《もうじん》、エミシ（蝦夷）、鬼などと蔑称され、天皇支配の外、化外《けがい》の民とされた人たちがのどかに暮らしていた陸奥国《むつのくに》。蝦夷の蝦は毛深いこと、夷は野蛮人を意味する。また陸奥国はそれまで道奥《みちのおく》と呼ばれていた。都から遠く離れた道の奥に住む毛深い野蛮人……と侮蔑されてきた「影」がこの達谷窟に漂っている。

頼朝は達谷窟を訪ねて三年後、征夷大将軍に任ぜられ鎌倉幕府を開くことになる。想うに、このとき既に、頼朝は自身を坂上田村麻呂将軍になぞらえ、八幡神を鎌倉に勧請した五代前の祖・源頼義《よりよし》に想いを馳せていたのだと思われる。頼義は鎮守府将軍に任ぜられ、朝敵・安倍貞任《さだとう》を厨川で討ち果たしたことで知られるが、頼朝の胸には「オレはあの田村麻呂将軍に並び、尊敬する先祖・頼義の切願を果たした」という想いが、熱い血潮のように去来していたであろうと想像する。

95 毛越寺庭園の立石

毛越寺庭園　岩手県西磐井郡平泉町平泉字大沢五八

奇跡に近いことだが、ここには平安時代後期の石組がほぼそのままの姿でのこっている。岩手県平泉町の毛越寺《もうつうじ》庭園。奥州藤原氏二代・基衡《もとひら》の造営とされる浄土式庭園だ。永い年月の間に荒廃を重ね、地震などで一部変形してもいるが、八百七十年余前の面影を今に伝えている。

ただ、『吾妻鏡』に「堂宇は四十余宇、禅房は五百余宇」と記され、「吾が朝無双」といわれた壮麗な堂塔伽藍は、嘉禄二年（一二二六）の火災でその大半が焼失した。

以後、幸か不幸か、主《あるじ》を失った壮大な庭園は、「兵どもが夢の跡」さながらに、ゆっくりと自然の一部に同化しつつ、発掘されるまで、忘れ去られたように眠っていた。当時の特質をもっとも純粋なまま、具体的に示している……と賞される由縁である。

庭園の中心となるのが、塔山《とうやま》を背景とした「大泉が池」の景観だ。東西約一八〇メートル、南北約九〇メートルという広がりがなんとも心地いい。当時の堂塔は一物もなく、松尾芭蕉が『奥の細道』で、「三代の栄耀一睡のうちにして、大門の跡は一里こなたに有り」と詠んだ南大門跡も礎石をのこすのみだ。姿を留めるものは広大な池だけといってもいい。永い間隠されたようにひっそりと埋もれていただけに、それがかえって寂びた風情を醸し出している。文字通り「夢の跡」ながら、王朝の雅《みやび》を超越した異次元ともいえる世界をつくり出している。

大門跡から右手の松並木に沿って池の水際を歩くと、出島と中島の石組が見えてくる。当時の造形そのままに、九百年近い時の重なりが幻のように現世浄土の世界を現出している。ゆったりと、やさしく、これが基衡の願った「仏の庭」なのか……と、魅入ってしまった。基衡の勢力は父清衡を大きく超え、日本列島の三分の一ほどに及んだという。理不尽にも攻められ、抑圧されてきた蝦夷への深い鎮魂と祈り。極楽浄土を願う基衡の想いをここにみる。

その一画に、斜めに傾いた立石がある。高さ二・八メートルだという。目を惹きつけるとはこのような景色のことか。なにを表現しているのか分かっていないが、まるで庭園の主・基衡がそこに佇んでいるように想えてくる。おそらく、この立石には基衡の心霊が依りつき、宿っているにちがいない。創建当時の堂塔が消えうせた今、いわば庭園を守護する神体石であり、寺の本尊とでもいうべき存在だろうか。まるで「ピサの斜塔」のように、ほどよい傾きとでもいうのか、当初からこのような造形だったのか、それとも永い風雪のなかでこのような姿となったのか。それがかえって存在感を高め、たった一石で庭全体を引き締めている。まさに「主石」の風格である。

毛越寺の立石　多少傾きが変わっているかも知れないが、おそらく当初からこの趣だったと思われる。

立石と岬石組　出島のような岬と立石の構図が素晴らしい。完成度の高い庭園美をここに観る。

立石遠景　池の大きさと立石。向こうには池の水際が広がる。浄土の庭とされる通り、やさしい庭だ。

96 大石神社の「馬」

大石神社　青森県弘前市大森勝山二八九

岩木山の北東に位置する大石神社を訪ねたときの異様さは、今でも忘れられない。神社の神体とされる大石のことではない。境内に群れているような「馬」のことだ。祭神が、高皇産霊神《たかみむすびのかみ》と神皇産霊《かみむすびの》神《かみ》で、ともに産霊《むすび》という文字を冠しているため、男女の「むすび」を象徴する神と考えられ、子授けと安産の神として信仰されてきた。「群れる」馬は、安産祈願とお礼のために奉納されたものだが、なんとも精巧にできており、小振りながらも、まるで厩舎に繋がれている馬のようで、いななきが聞こえてくるようにも感じた。馬が繋がれた小屋には「馬ノ家」とあり、大石神社氏子と奉納した年月日が書かれている。よく見ると「飼い葉おけ」まで用意されている。

　大石神社を『磐座百選』に選んだのは、津軽における岩木山の存在だった。巌鬼山と書いて、イワキヤマとも読んできた地域の歴史に、なんとも言いようのない怪奇さを覚えたからだ。さらに言えば、山頂近くに、祖霊がおさまるとされる巨大な霊巌・「御倉石《みくらいし》」があることもその「わけ」のひとつだった。岩木山の鬼門にあたり、巨石を祀る大石神社とともに、山頂付近に広がる岩海と霊巌の存在。原初の「お山信仰」の痕跡が色濃くのこる赤倉参道。イワキ（巌鬼）と表現されているように、鬼神が隠れ住んでいると伝えられてきた異界ともいえる霊域。なんとも神秘的で不思議な世界が、まるで磁石のように私を引き寄せた。

大石神社境内　社殿の奥に大石があるのだが、暗くなったら、馬の存在がさぞかし不気味だろうと思う。

　それにしても、安産の象徴はふつう犬とされているが、なぜ、馬なのか。馬の信仰を調べると、平安時代から願いを叶えるために、神の乗り物である「生きた」馬を奉納することがおこなわれ、それが土や木で作られた駒形《こまがた》に変わり、やがて板に馬を描いた絵馬《えま》に変化したことが記されている。また、「産の穢れ」のためなのか、馬小屋にワラを敷いて出産したという話も伝わる。さらに、小舘《こだて》衷三《ちゅうぞう》の『津軽の民間信仰』に、こんなことが書いてある。老婆に「なぜ木馬を奉納するのか」と聞いたところ、「産人《さんと》が苦しんでいると、神さまに早く来ていただかないと困るので、馬に乗って来てもらうためです」と答えたという。

大石神社の馬　産の穢れなのか、馬小屋などで出産し、「産の忌明け」までは出られなかったという。

松に刻まれた男根　馬のように、と願ったのか。そうした想いが凝縮したような造形だ。

同じような信仰だが、岩手県遠野市には、出産のとき、夫が馬に鞍を置いて、お産の神である山の神を迎えに行くという習俗があったと伝わる。「産人の神」と呼ばれているが、素朴で切実な産神《うぶかみ》への願いをここにみる。

そうした信仰と関係があるのか。境内の松の木に巨大な男根が刻まれ、そそり立っていた。それにしても誰が彫ったのか、なんともリアルで見事な出来だと感心した。馬と男根、これもまた産人の神への祈りなのだろう。

97 恐山の積石

恐山菩提寺　青森県むつ市田名部字宇曽利山三－二

これはこの世の事ならず、死出の山路の裾野なる、賽《さい》の河原の物語……かの嬰児《みどりご》の所作として、河原の石を取り集め、是にて回向《えこう》の塔を積む、一重積んでは父のため、二重積んでは母のため……。『地蔵和讃《じぞうわさん》』の一節だが、ここには親より先に亡くなった幼子が、親に先立つ「親不孝」のために罪をあがなうという因果応報が語られている。いたいけな幼子が夜になると「一重積んでは」と唱えながら石を積み、それを鬼が壊し、また泣き泣き積み始める。が、際限もなく壊される。手足は擦れただれ、血が滴る。やがて「お地蔵さん」が現れて救ってくれるのだが、それを永遠に繰り返していかねばならない。賽の河原の石積みといわれる由縁だ。

　日本人は仏教が渡来する以前から石を積んで霊を回向してきたという。五輪塔や層塔はこの積石信仰が仏教化したものだといわれる。でも、なぜ石を積むのか。人がもつ本能のようなものかもしれないが、一つ、二つと数えながら……石だから積む。個人の願いをこめて一つでも多くの石を積む。積み上がれば塔となる。亡き人への「功徳」も積み上がる。仏教が伝来する以前、カミとホトケを区別するいわれはなかった。ごく自然な感覚で一つ一つの石に想いを託したのだ。石だからこそ功徳となり供養となる。想えば、もっとも自然で素朴な石への祈りがここにある。そうした原初以来の信仰が今もって脈々と積石の基層を流れている。

　以前訪ねたのは、四十年以上も前だが、青森県下北半島にある恐山は、見ちがえるように整備されていた。が、宇曽利湖へとつづく「賽の河原」の光景は変わっていなかった。丘といい、谷といい積石

賽の河原から宇曽利湖を望む　極楽浜と呼ばれる宇曽利湖畔。この世とあの世の境にあるような景色だ。

卒塔婆群　塔婆堂の傍らに立つ卒塔婆の群れ。その大きさに異界に迷い込んだような錯覚を覚える。

で覆われ、いたるところから水蒸気が噴き出し、濃い硫黄の臭いがたちこめている。「死ねばお山にいく」と伝えられ、死者の霊が集まる山と信仰されてきた歴史そのままだ。印象的だったのは、やはり水子供養の地蔵と積石だった。地蔵さんは左手に幼子を抱え、両足には幼子が必死で取りすがっている。積石には数多くの風車が供えられ、カタカタと音をたてていた。

　それにしても、と想う。『地蔵和讃』が語る世界のなんと非情なことか。幼子はなにも自らの意思で亡くなったわけではあるまい。できるはずもない。それをなぜ親不孝と責められるのか。なぜ永遠に石を積まなければならないのか。親も悲しいけれど子も同じように悲しい。なぜ幼子だけが責められるのか。むしろ責められるのは親のほうではないか。それにもまして、これほど「むごい」歌をまことしやかに謳うことの不条理を想う。親の悲しみと幼子への愛情という、いわば一方通行の裏に潜む「身勝手さ」を感じるのは私だけだろうか。

　南無地蔵菩薩……。

積石と地蔵菩薩　なぜ人は石を積むのか。なぜ親より先に死んだ子は石を積まねばならないのか。

98 江差・瓶子岩

瓶子岩　北海道檜山郡江差町字鷗島

この岩はいつまでもつだろうか……というのが第一印象だった。徳利を逆さにしたような姿から瓶子岩《へいしいわ》と呼ばれているが、その危なっかしい造形そのものがもうすでに神が宿る領域に達している。北海道江差《えさし》町の鷗島《かもめじま》に屹立《きつりつ》する伝説の奇岩だ。高さは約一〇メートルだという。海岸に立つ説明版に「神様から瓶子を授かった折居《おりい》という姥《うば》が、瓶子の中の水を海に注ぐと、ニシンが群れて江差の人びとの糧になった」とあり、そのときの瓶子が逆さまになり岩になったと記されている。しかし、安政年間の古地図には「ヘンシ岩」と書かれているという。ヘンシとは、アイヌ語で「頭の大きな」という意で、ヘンシが転じて瓶子となり、折居姥の伝説に結び付いたとみるのが妥当と思われる。私も、瓶子というより、アイヌ語にいう大きな鷗の頭に見えた。古くから漁師の守り神として崇められていたというが、にょっきりと巨大な頭をもたげ、ニシンの群れを狙うような鋭い眼孔が印象深い。もともと鳥居はなかったようで、鷗島に鎮座する「厳島神社」建立四百年を記念し、平成二十七年（二〇一五）に立てられたものとある。

江差は、鷗島がいわば巨大な堤防の役割をもつ天然の良港で、この島があってこその繁栄でもあったといわれる。鷗が羽を広げたように見えるからとか、島を覆うほど鷗が群れていたからなど由来が語られているが、アイヌ語のカムイ・シリ（神の島）が転化したという説も伝わる。かつては弁天島とも呼ばれていたというが、豊漁の神である弁財天を祀る神の島であり、神の使いのような鷗が群れる島でもあったろう。

江差という地名もまた、アイヌ語の岬を意味するエサシとも、「戦に敗れた岩」を意味するウエン・チャシに由来す

鳥居と瓶子岩　こうして見ると、つくづく鳥居の不思議さを想う。危うい奇岩が、神の造形へと昇華する。

瓶子岩　ポキンと折れてしまいそうな危うさと骸骨のような異様さ。ドキドキするような造形だ。

るともいうが、それ以上のことはわからない。かつてここにアイヌの砦があり、屈辱の記憶を地名に刻んだのだろうか。

松前江差の　鷗の島は　地から生えたか　浮島か……。「魂の唄」とも表現され、難しくも味わい深い格調と小節でもって唄われる「江差追分」の本唄のひとつだ。鷗が島全体を覆い隠すように群れているため、まるで浮島のように見えたという意だが、それほどニシンの群れが押し寄せたというのだ。押し寄せたのはニシンと鷗だけではない。江戸時代の中ごろからニシンに惹きつけられるように全国各地から人も押し寄せた。ヤン衆と呼ばれる出稼ぎ漁師・商人・職人・遊女や衣食住を支える女たちなど、「入船三千、出船三千」といわれるほどニシンに沸いた。が、つわものどもが夢のあと……やがて明治の末期、ニシンは北に去り、江差にかつての静かさが戻る。つわものといえば、鷗島にはエンカマ（弁慶の足跡）と呼ばれる大きな穴など、あの源義経渡来伝説ものこされている。それらもすべて夢の彼方だ。

99 岩になったアイヌの族長

チャランケ岩　北海道伊達市有珠町一〇三

アイヌは四季の移ろいに順応して生活を営んだ。小規模な農耕もおこなわれたが、生活の基盤は、漁労・狩猟・採集だった。いわば縄文以来の生活を維持し、大自然のなかに食料を求めて生きてきた民族だ。かつて樺太や千島・本州の北部にも分布していたが、やがて北海道が唯一アイヌの土地となった。濃密に暮らしていた地域は、今でいう胆振《いぶり》から日高地方に至る地域で、集落を形成する戸数はふつう五～六軒とされ、十戸もあれば大村とみられた。そうした集落にも秩序を維持するための裁判や刑罰のようなものがあった。刑罰は、一種のムチ打ちやツグナイという弁償刑で、裁判は、弁論をたたかわして是非を決めるチャランケ（談判）が主なものだったという。今回は、チャランケして岩になったというアイヌの神話を紹介したい。

訪ねたのは、内浦湾（噴火湾）に面した伊達市の有珠《うす》という景勝地。百四十二年前にここを訪れた英国人の女性旅行家、イザベラ・バードが、「私がこれまで日本で見てきたなかで最高に美しいものだった」（金坂清則訳注『完訳日本奥地紀行3』）と絶賛しているところだ。

「チャランケ岩」は、バードが泊まったという「有珠会所跡」の西方、伊達市有珠と洞爺湖町虻田《あぶた》との境界にある。説明板に、境界近くに漂着した鯨の所有をめぐって有珠と虻田の族長が七日七晩チャランケしたが譲らず、ついに八日目の朝、二人とも岩と化していたという話が記されている。また、更科源蔵《さらしなげんぞう》の『アイヌの神話』をみると、岩になったのは、文化の源をひらいた神・オキクルミとその兄・サマイクルとあり、左の勝ち誇っているように見える岩がオキクルミで、右の文句を言っているように見えるのがサマイクルだという。「欲張ると岩になるぞ」という罰のようだが、岩になったあとでも、まだチャランケしているような造形がおもしろい。

有珠会所跡の北側に「善光寺」がある。ここにバードが「実に立派な造り」と称賛した本堂が現存している。江戸末期に設けられた「蝦夷三官寺《えぞさんかんじ》」のひとつだが、鄙《ひな》には稀な……と違和感を覚えるほど端正で優雅な佇まいをみせている。ロシアの南下にともなう邪宗門対策、アイヌへ

善光寺　江戸期に改築、増築された本堂と客殿。有珠山の噴火にも耐え、往時の趣を保っている。

チャランケ岩　右の虻田の族長と思われる岩。文句を言っているような表情が印象深い。

チャランケ岩と案内板　水産加工会社の敷地内にあるが、快く案内してくれた。

の仏教布教などとされているが、むしろ有珠湾に面した神秘的な立地そのものが、建立の「わけ」だったように思える。

『菅江真澄遊覧記』には、「かつて見た松島、象潟《きさかた》の面影が目に浮かび、庭園などをみているようなおもしろさ」とあり、「アイヌは有珠のコタンをアイヌの国の都と言っている」とも記している。有珠は、日本有数の貝塚地帯である内浦湾のなかでも、とりわけその数が多いことが知られているが、和人が来る以前、おそらくここは、神々が集う「カムイコタン」そのものであり、信仰の地であったにちがいない。日本三景の松島にも例えられ、バードが「有珠は夢のように美しく、平和である」と記した情景が、それをものがたっているように思える。

100 自然の精気

八ヶ岳の庭　山梨県北杜市大泉町

冒頭にも書いたが、磐座と思しきものに出会ったのは小学校の林間学校、ふるさとの「金山出石寺」だった。山門前の広場、弘法大師空海が修行をしたという「護摩ヶ岩」が子供心にも強く印象にのこった。われながら奇妙な子供だと思うが、なぜか気になるのだ。無数の割れ目がはしり、びっしりと樹木が生い茂る巨岩だったが、その割れ目の奥に「なにか」潜んでいるような、得体のしれないその「なにか」がじっとこちらを見ているような気がしてならなかった。怖いもの見たさ……とでもいうのか。あえてその巨岩の近くを通ると、背筋がゾクゾクした。子供ならではの「異界体験」だったのだろう。

　八ヶ岳の南麓、標高一二五〇メートルの森に移り住んで二十二年、クマザサが生い茂る雑木林のなかに「磐座」や「石神」が点在する庭をつくりつづけてきた。いわば「私のイワクラ」ともいえるものだが、もとより、自身がそう想っているにすぎない。全国各地の磐座を訪ねるなかで、印象にのこったものを思い浮かべながら、自らの感覚で石を組み、再現しようと試みたものだ。が、いつしかまわりの景色にとけこみ、苔むし、もうすっかり「自然の石」と化している。たで食う虫も好き好きとはいえ、「阿呆の鳥好き貧乏の木好き」のようで、なにやら面はゆい。とはいえ、当人はいたって真面目そのもの。家族からイシアタマと揶揄《やゆ》され、冷ややかな視線を感じながらも、それを本気で懸命にやってきた。自分のことながら、そこがやはりおかしい。

　さて、コロナ禍において、いかに人類が自然の前で「無力」なのかということを目の当たりにしてきた。自然災害のひ

庭の斜面に茂るクマザサ　七月下旬、遅い夏とともに敷地のクマザサが盛りを迎え、自然の精気を放つ。

磐座を模した石組　クレーン車でつり上げ、据えた巨石。木々のなかで静かにその存在を語っている。

八ヶ岳と春の雪　八ヶ岳の南麓に居を移し、22年の春秋を重ねてきた。今年もまた冬が過ぎ、春が巡ってきた。

とつと捉えられているほどだが、このウイルスは自然界の安定した生態系のなかで、野生動物と共存しながらひっそりと生きてきたという。著名な霊長類学者は、「われわれは自然の一部であり、依存しているにもかかわらず、自然を無視し、ともに共有すべき動物を軽視したことに原因がある」と言っている。人間が自然を破壊してきた結果だというのだ。

よく「パワースポット」という言葉を見聞きする。俗にいう「ご利益」と混同されていると思えるほどだが、視点をかえると、自然がもつ根源的な生命力といった景色がみえてくる。元来、自然神は現世のご利益とは無縁だったし、あるとすれば、自然の精気によって癒されるという施しのようなものだった。

昨今、あまりにも人間だけのご利益に振子が振れすぎているように思える。自然に帰れとまではいわないが、これを機に、自然との向き合いかたを見直し、「密」とは対極にあるような自然の精気にふれてみたらどうだろう。ホッとひと息つけるはずだ。

本書は、平成二十九年（二〇一七）十二月から令和四年（二〇二二）三月まで、毎月二回のペースで連載されたブログ「磐座探訪雑記帳」を修正・加筆し、再編集したものです。

おわりに

ひとつの区切りを迎えたつもり……でいたのだが、なお「埋火《うずみび》」のように胸の奥にくすぶりつづけている。どうもまだ旅が終わっていないようだ。旅をしてきて思うことは、今なお列島各地に留まり、つきまとって離れない縄文という「磁力」だった。個人的な感覚にすぎないが、磐座を訪ねるたびに「原日本」とでもいうべき有史以前の気這《けは》いを体感し、はるか古代からつづく「気」がいまだに漂っていることを意識しつづけた。遠くに磐座を拝したときからもうすでに、岩石が放つオーラがまとわりつくような空気を感じるのだ。その感覚は岩そのものから発する嵐気《らんき》のようなものであり、永い間、列島に土着していた「古層」そのものと思えた。いわば、縄文という気這いがそこかしこに存在し、今なお息づいている気がしてならなかった。

じつは、もう十年以上も前になるが、こうした感覚は、『古事記と岩石崇拝』という小著を執筆していたときから感じていた。いわゆる「記・紀」と称される『古事記』や『日本書紀』を注意深く読むと、その底流には、縄文の神の痕跡《こんせき》が生々しく描かれていたからだ。詳しいことに触れる余地はないが、たとえば「天の岩屋戸」の場面、スサノオの狼藉にうちひしがれたアマテラスは、天の岩屋戸にこもり、岩窟の霊力を得て力を増殖し、ふたたび姿を現す。また、「記・紀」の要《かなめ》とされる「天孫降臨」の場面、ニニギノミコトは、なぜか高天原《たかまがはら》の天磐座《あまのいわくら》に座してから天降り、さらに妻として求めた姉妹のひとりであるイワナガヒメを醜いという理由で送り返したため、自らの命を縮め、果てはヒトの寿命そのものまで縮めることになる。

つまり、皇祖神であり最高神とされるアマテラスといえども岩窟の霊力を必要とし、天降って天皇になるためには磐座に座さねばならず、石の神・イワナガヒメをないがしろにしたため、天皇のみならず、ヒトの寿命まで縮めてしまうということが、厳然と『古事記』や『日本書紀』に書かれているのだ。いわば天皇家の歴史書に、縄文の神ともいえる土着の神が、隠されもせず書かれていることに驚く。しかも、アマテラスや天皇よりも霊威が強いという事実が記されているところが意味深い。

さらに付け加えると『日本書紀』には、天孫降臨以前の神を「彼の地に、多《さわ》に蛍火の光く神、及び蠅声《さばなえ》す邪《あや》しき神有り。復《また》草木咸《ことごとく》に能《よ》く言語《ものいうこと》有り」と記されている。邪しき神と表現されてはいるが、縄文の神は、蛍火のように輝き、蠅のように騒がしく、草木もみなよくものを言ったとされているのだ。これはもう、自然崇拝という縄文賛歌そのものではないか。

狩猟採集の縄文は、約一万五千年前に始まり、稲作が広がる二千四百年くらい前までつづいたといわれている。一万二千年もの長きにわたり列島に根を張っていたのだ。たしかに稲作の渡来はわが国の生活や文化を一変させてしまった。が、二千年ほどであの輝かしい文化がなくなるはずはない。稲作民の子孫であるヤマト王権は、自らを「天つ神」と称し、土着していた縄文人を「国つ神」として区別したが、縄文人と混血しつつも「外来からの渡来者」という上位概念をなくさなかった。けれども、弥生という外来色の素地には、いつも縄文という日本古来の色が見え隠れしていた。縄文は弥生に駆逐されたのではなく、逆に弥生を受容したのだと思われる。

復元された大極殿

そして令和の今もなお、天皇が即位するときには、高御座《たかみくら》と呼ばれる玉座《ぎょくざ》に昇り、着座して降りてくる。つまり、ニニギノミコトが天磐座に座してから地上に降りてきたことと同じことを再現しているのだ。いまだ、岩石崇拝という縄文の気這いが生きつづけていることに驚きを禁じ得ない。平城宮跡に再現された大極殿には、奈良時代と同じように復元された高御座が置かれている。当時の構造や意匠に関する記録はなく、詳細は不明だというが、大正天皇の即位の際につくられた高御座を模したものだという。天磐座の現代版がここにある。

岩石崇拝は、ヒトが石器を手にしたときに萌芽があり、定住化が始まる縄文になってから祈りのようなものに深化していったと思われるが、いかんせん『古事記』以前の文献がのこっていない。が、有力な手がかりがある。狩猟採集を最近まで維持してきたといわれるアイヌの信仰だ。アイヌには、ヒトが亡くなると、里に近い洞窟があの世の入口となり、長い隧道《すいどう》を通って岩のある山へいき、そこから昇天するという世界観があることが知られている。興味深いことは、洞窟と岩山がこの世とあの世の境になっていることだ。生と死が分かれるところ、神さまが来るところ、つまり神聖な場所として洞窟や岩山が描かれている。また、素手で立ち向かえない相手を神として観念していたとされるが、とすると、やはり石器を手にしたころに岩石崇拝の伏線があるように思える。木を伐り、土を掘り、獣にも立ち向かえる。素手とくらべ、「神の手」と思ったとしても不思議ではない。竪穴住居に置かれた石棒や立石への祈りもこうした体感から生まれてきたと想えてならない。とすると、岩石崇拝は、石に対する「憧憬」のようなものかもしれない。

復元された高御座

そして、あの空海。彼がまだ無名で、唐に渡る以前の私度僧《しどそう》のころ、七年間ほど山林に姿をくらましている。その間、霊《く》しき山を探し、四国の山塊を彷徨した。十八歳で記した処女作『三教指帰』に、「阿波国の大滝の岳によじ登って修行し、土佐国の室戸の崎に趣いて勤修、念誦した……或るときは金巖に登って修行し、雪に遭って困窮、或るときは石峯に登って練行し、食糧が得られず困難を極めた」といったことを記している。日本宗教界の偉人とも讃えられる空海。その彼が、ひたすら山中を駆け、巖によじ登り、岩窟にこもって修行をしていることに注目したい。いわば、縄文よりつづく「地霊」に触れることで、巫《ふ》人《じん》能力を増殖しようとしたのではないだろうか。岩屋戸にこもり、霊力を増殖したアマテラスのように……。そうした土台の上に、仏教という外来の思想が融合し、真言密教の祖・弘法大師に繋がっていったと想えてならない。

一万五千年前に生まれ、その後、一万二千年もの間、列島に華開いた縄文という日本の基層文化。原日本ともいえるものだが、今もって顔を覗かせ、まるで「磁力」のようにわれわれを惹きつけて離さない。縄文は稲作の渡来によって弥生と習合したものの、基層を流れる土着の思想はほとんど変化していないように思える。だから、稲作や弥生の主導者ともいえる天皇家ですら、縄文という基層文化を尊崇し、畏怖するしか手だてはなかったと想うのだ。

稲作が伝来するまで、列島はほとんど森に覆われていた。稲田の背後には常に森があり、森が稲田を支えてきた。土着していた山の神が田の神となり、豊穣をもたらしてくれた。それは令和の今もかわらない。弥生という衣装をまとい、外来の文化を受け入れてきたが、日本人の魂の奥底には縄文という自然崇拝が連綿として流れつづけている。


四年前、『磐座百選』を上梓する過程で「チームイワクラ」という、いわば応援団のような同志の集まりが自然発生的にでき、今もつづいている。私を含めて八人という人数ながら、多士済々とでもいうべきメンバーで、以来、定期的に意見交換をおこなっている。ブログを書くことをすすめてくれたのもチームのメンバーだったし、いつも温かく背中を押してくれた。それとともに、近くに寄り添い、励ましてくれたのは家内だった。取材旅行はもちろん、ブログにかんしても、読者の立場となって、的確な感想と意見を述べてくれた。

こうした身近で、多くの「支え」があってこその『磐座への旅』となった。この場を借りて、深く感謝したい。

池田清隆

令和四年五月吉日

参考文献（50音順・重複した場合は発行年順）

アイヌ民族博物館『アイヌ文化の基礎知識』草風館（1993年）
蘆田伊人編『新編武蔵国風土記稿』雄山閣（1963年）
石毛堅之助編『阿波名勝案内』歴史図書社（1979年）
池波正太郎『剣の天地』新潮文庫（1974年）
井上玄桐『玄桐筆記』（1870年）
宇治谷孟『続日本紀』講談社学術文庫（1992年）
梅原猛・渡辺誠『人間の美術1縄文の神秘』学習研究社（1989年）
大場磐雄『神道考古学論攷』葦牙書房（1945年）
岡山県編集委員会『岡山県大百科事典』山陽新聞社（1980年）
岡本太郎『神秘日本』みすず書房（1999年）
小沢佳次郎『明治庭園記』（明治園藝史）有明書房（1915年）
小野重朗『田の神サア百体』西日本新聞社（1980年）
加藤純隆『三教指帰』世界聖典刊行協会（1977年）
イザベラ・バード　金坂清則訳注『完訳日本奥地紀行3』東洋文庫（2012年）
金山町教育委員会『岩屋岩陰遺跡発掘調査報告書』下呂市（2002年）
鴨長明『方丈記』講談社学術文庫（1980年）
河田晴夫『松尾大社造園誌』松尾大社（1975年）
群馬県文化事業振興会『前橋風土記』大閑堂書店（1965年）
國學院大學日本文化研究所編『神道事典』弘文堂（1994年）
小舘衷三『津軽の民間信仰』教育社歴史新書（1986年）
小林由来・徳田紫穂『金山巨石群の「縄文」太陽観測ガイド』三五館（2016年）
五味文彦・本郷和人『吾妻鏡』吉川弘文館（2007年）
今東光『奥の細道』淡交新社（1963年）
齋藤夏之助『安房志』中島書店（1981年）
更科源蔵『アイヌの神話』淡交新社（1967年）
三遊亭圓朝『上野下野道の記』（圓朝全集）
式内社研究会編『式内社調査報告』皇學館大学出版部（1981年）
重森三鈴・完途『日本庭園史大系』社会思想社（1973年）
司馬遼太郎『空海の風景』中央公論社（1975年）
新日本古典文学大系『平家物語』岩波書店（1993年）
菅江真澄『菅江真澄遊覧記』東洋文庫（1967年）
鈴木棠三・朝倉治彦『江戸名所図会』角川書店（1975年）
大護八郎『石神信仰』木耳社（1977年）
大日本地誌大系『新編相模国風土記稿』雄山閣（1975年）
谷川健一『神は細部に宿り給う』人文書院（1980年）
谷川健一監修『古代播磨の地名は語る』姫路文庫（1998年）
谷川健一編『日本の神々』白水社（1984年）

田村剛『作庭記』相模書房（１９６４年）
富来町史編纂委員会『富来町史』富来町役場（１９７７年）
中西進『日本人の忘れもの』ウエッジ（２００３年）
仁井田好古『紀伊続風土記』紀州藩（１８３９年）
錦石烋『日光山小誌』金魁堂（１８８７年）
日本古典全集『雲根志』現代思想社（１９７９年）
日本古典文学大系『古事記　祝詞』岩波書店（１９５８年）
日本古典文学大系『風土記』岩波書店（１９５８年）
日本古典文学大系『日本書紀』岩波書店（１９６７年）
日本歴史地名大系『福井県の地名』平凡社（１９８１年）
野本寛一『石の民俗』雄山閣（１９７５年）
野本寛一『神々の風景』白水社（１９９０年）
野本寛一『熊野山海民俗考』人文書院（１９９０年）
萩原恭男校注『芭蕉おくのほそ道』岩波文庫（１９７９年）
菱沼勇『日本の自然神』有峰書店新社（１９８５年）
藤原新也『沖ノ島』小学館（２０１７年）
藤原道綱母『蜻蛉日記』岩波文庫（１９９６年）
松平定能『甲斐国史』天下堂書店（１９６６年）
村井康彦『出雲と大和』岩波新書（２０１３年）
本居宣長『古事記伝』岩波文庫（１９４０年）
森敦『月山・鳥海山』文春文庫（１９７９年）
柳田国男『海南小記』（柳田国男全集）ちくま文庫（１９８９年）
柳田国男『先祖の話』（柳田国男全集）ちくま文庫（１９９０年）
柳田国男監修『民俗学辞典』（民俗学研究所編）東京堂出版（１９５１年）
柳田国男『山の人生』（柳田国男全集）ちくま文庫（１９８９年）
柳田国男『竜王と水の神』（柳田国男全集）ちくま文庫（１９９０年）
矢野憲一『伊勢神宮』角川選書（２００６年）
山本周五郎『樅ノ木は残った』講談社（１９６９年）
ルイス・フロイス『完訳フロイス日本史』中公文庫（２０００年）

DMD

池田清隆（いけだ・きよたか）

1946年愛媛県生まれ。中央大学経済学部卒業。磐座（いわくら）研究家。会社勤めの傍ら、少年期に魅了された磐座の研究と巡拝を続ける。退職後は本格的に取り組み、二十数年かけて日本全国400余ヶ所の磐座を踏破する。主な著書に『神々の気遣い』(早稲田出版)『古事記と岩石崇拝』（角川学術出版）『磐座百選』（出窓社）などがある。
ブログ「磐座探訪雑記帳」
http://www.message.ne.jp/iwakurapc/blog.html

◆装　　丁　辻 聡

◆写真撮影　池田清隆

最終頁の写真について

山住神社（京都市左京区岩倉）

桓武天皇は平安京を造営するとき、都の東西南北にある磐座を探し出し、その下に一切経を埋め、都を鎮護する護りとしたと伝わる。

その一つが北の磐座、山住（やまずみ）神社で、もとは石座（いわくら）神社と呼ばれていた。

岩倉という地名も、この故事に由来し、明治維新の功労者のひとり岩倉具視が、幕末に、朝廷から一時遠ざけられていたときに、この地に幽棲していたことでも知られている。

磐座への旅

日本人の心の故郷を訪ねて

2022年 5月20日　第1刷印刷
2022年 6月10日　第1刷発行

著　者　池田清隆
発行者　矢熊　晃
発行所　株式会社 出窓社
東京都国分寺市光町 1-40-7-106 〒185-0034
TEL 042-505-8173　Fax 042-505-8174
http://www.demadosha.co.jp
振　替　00110-6-16880

印刷・製本　シナノ パブリッシング プレス

ISBN978-4-931178-95-3